貼るだけでやせていく!

テープダイエット

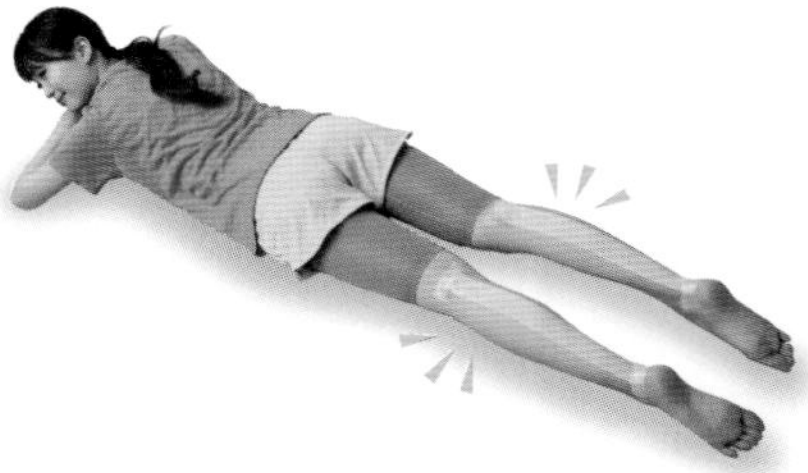

ドクター

あさ出版

最近、太ったかもしれない。
足、おなか、腕、
顔もちょっと、丸くなったかも。

だけど、
外に出て運動するのは、
気が引けるし、
食事制限も続かない……。

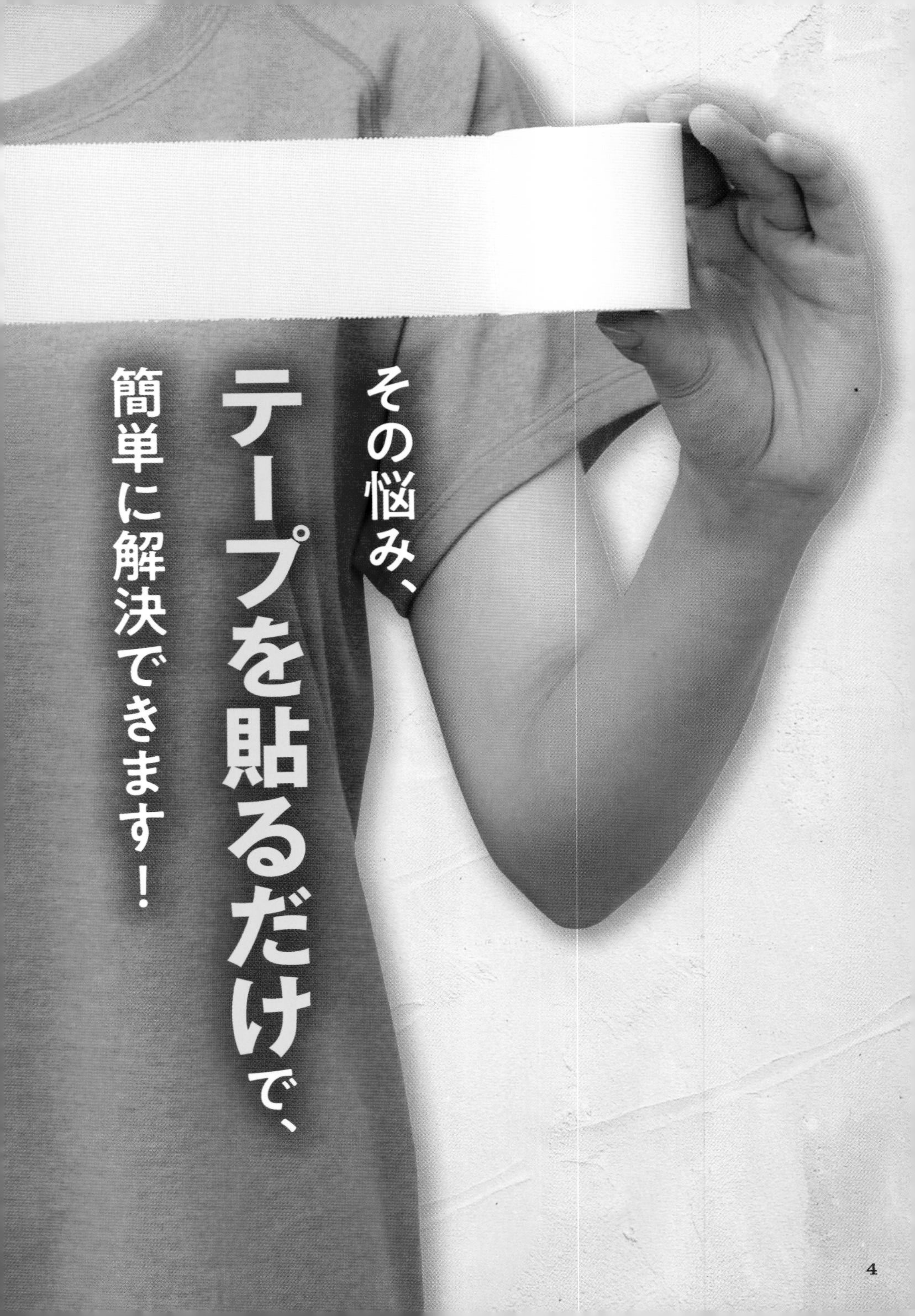

その悩み、
テープを貼るだけで、
簡単に解決できます！

それが本書で紹介する、「テープダイエット」です。

テープを貼って**1週間**で、おしりやおなかについていたぜい肉や腰周りの脂肪がとれてきました。

ウエストが3センチ細くなりました！

―― M. T. さん（女性、会社員）32歳

テープダイエット 実践者の声

ずっとコンプレックスだった太ももにテープを貼りました。
脚のラインがきれいになったことに驚きました。

今まで足の太さが目立ってしまうので避けていたスリムパンツや短めのスカートをはけるようになったのがうれしいです。

―― N. O. さん（女性、美容師）31歳

ひざから上の太ももがすっきりしてきて、最初に内側の脂肪がおちて、つぎに外側の脂肪がおちていきました。

4カ月たつと、**ひざの横についていた肉がとれて、ひざ頭がはっきりと出てきました！**

── K. K. さん（女性、会社員）27歳

4日4時間貼るだけで、

スタイルがよくなったと言われました！

食事制限の必要もありませんでした！

── A. Y. さん（女性、アナウンサー）38歳

太ももの筋肉にテープを貼りました。

3カ月ほどすると、「足、細くなったね」と言われるようになり、

今までパンパンだったジーンズをはくと、太ももの部分に今までなかった余裕を感じます。

── E. O. さん（女性、オペレーター）26歳

を貼るだけで？

それは、**太る原因が骨盤や関節のゆがみ**にあるからです。
そして骨盤や関節がゆがめば、その周りにある**筋肉がゆがみ**、
そこに余計な脂肪がつくのです。

テープダイエットは、カイロプラクティックの理論に基づき、
やせたい部分の筋肉をカバーするようにテープを貼り、

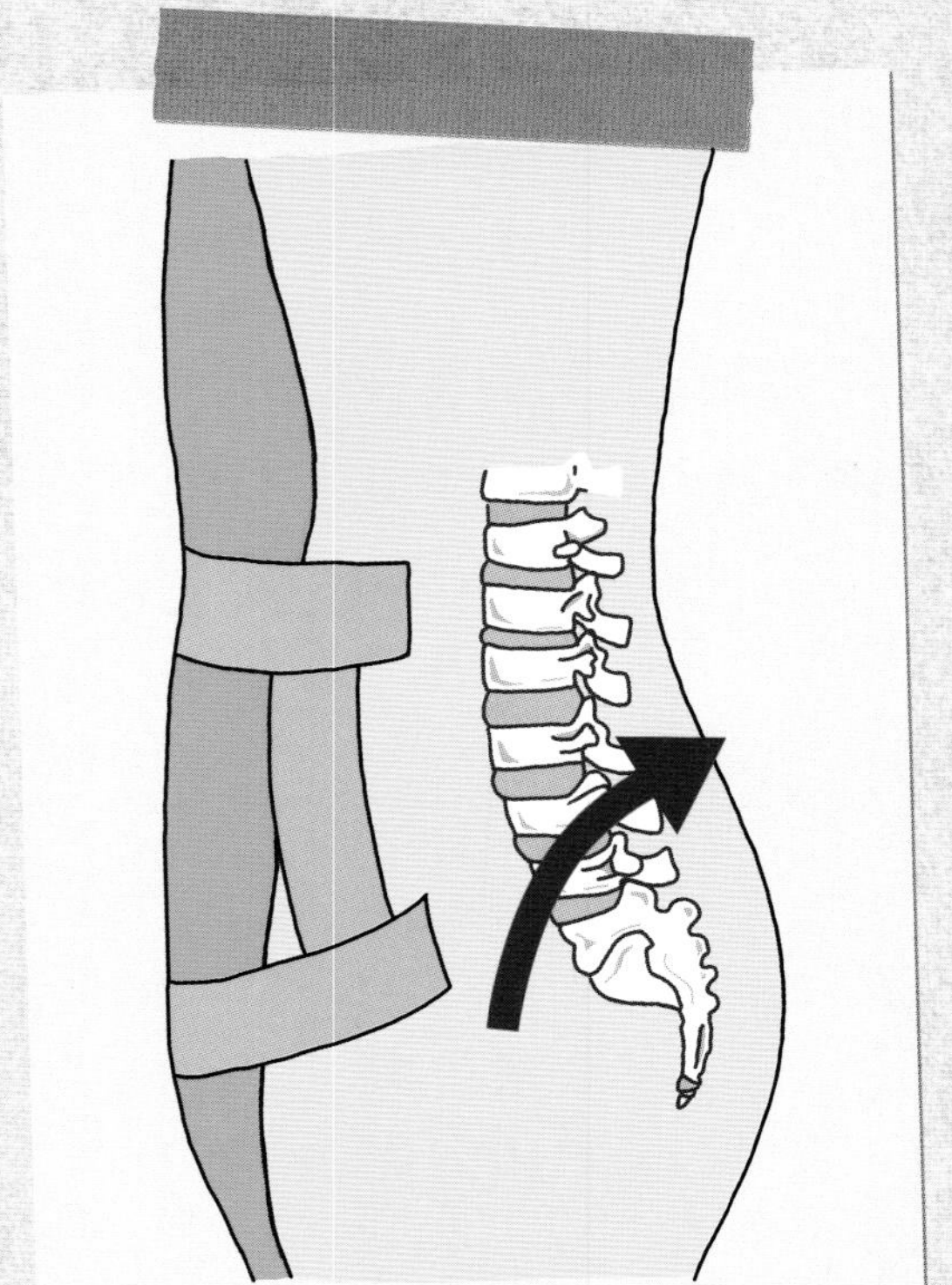

なぜ、テープ

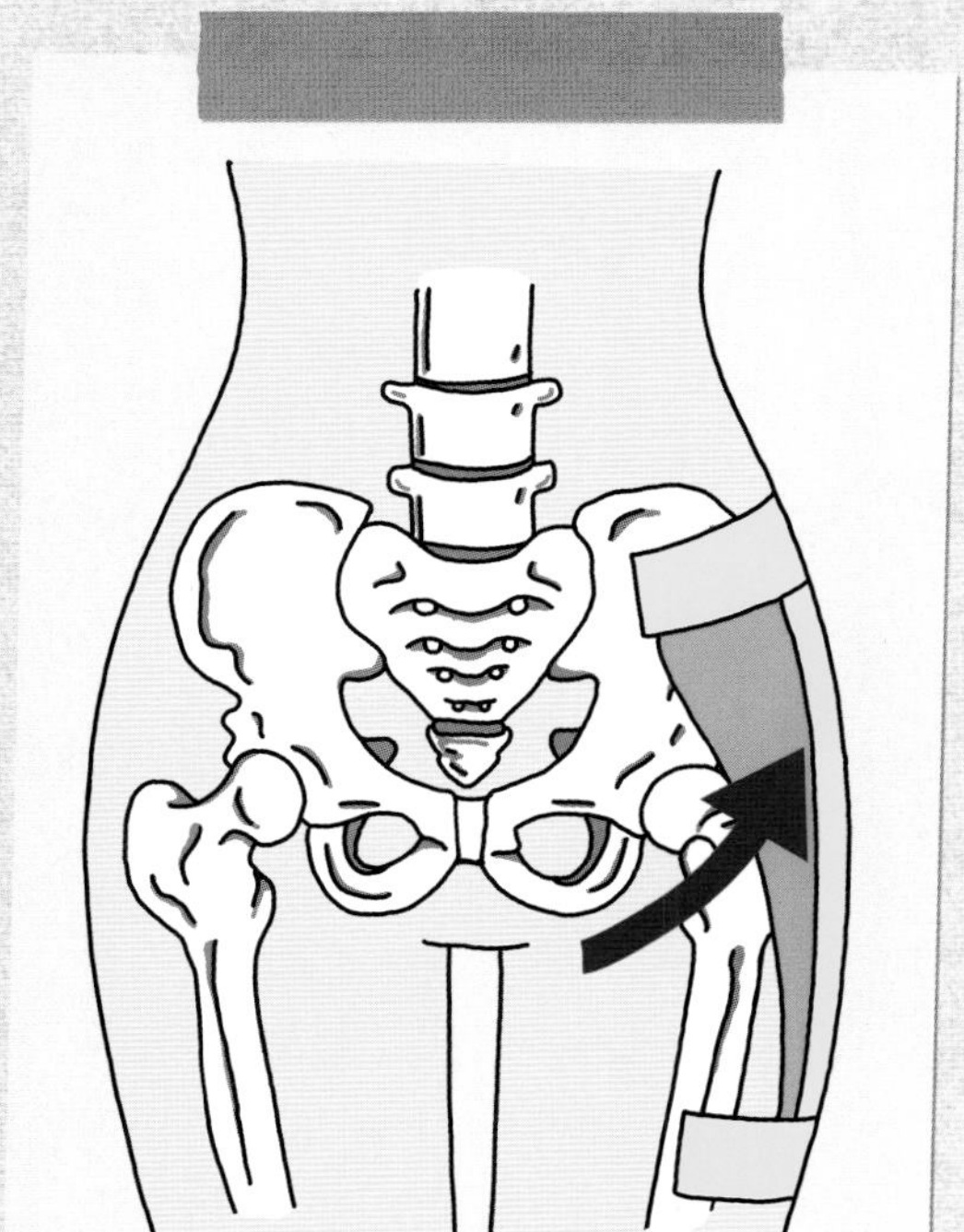

関節の部分でI《アイ》の字に押さえます。
すると、**筋肉のゆがみが治るにつれて、**
骨の位置が調整され、正しい形に戻ります。
同時に、その部分についていた**脂肪がとれて、**
スッキリした体形になるのです。

Why just put tape on?

ふくらはぎの後ろの脂肪をとって足スッキリ！

1. 足首の裏側をスタートにします。
2. 脂肪の盛り上がった部分をおおうようにして、ひざ裏側の関節まで貼ります。
3. 上下の端を横テープで止めます。

1日4～5時間、活動的な時間に貼りましょう！

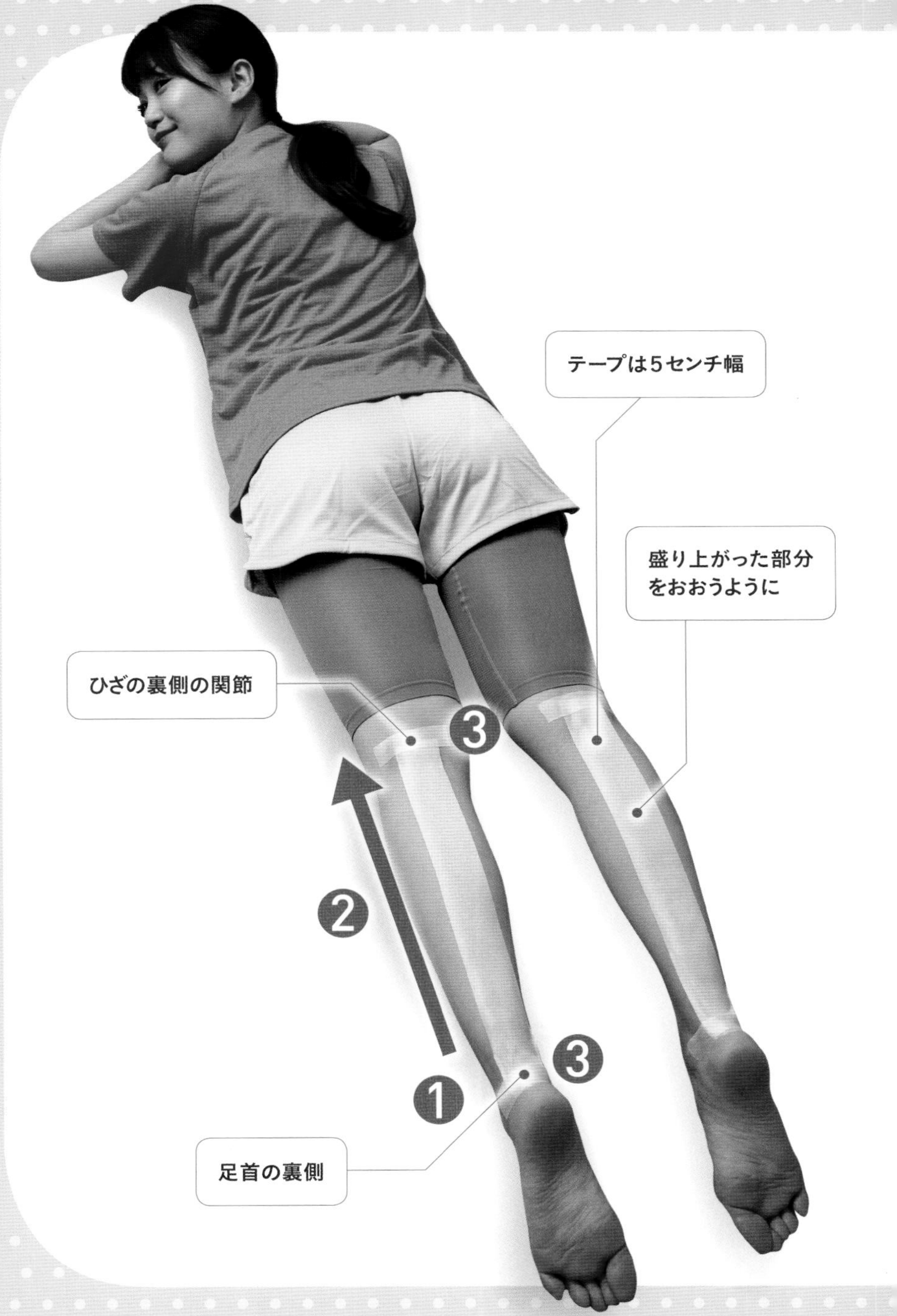
テープは5センチ幅
盛り上がった部分
をおおうように
ひざの裏側の関節
3
2
3
1
足首の裏側

テープダイエット 二の腕編

二の腕についた脂肪をとる！

1. 肩関節の一番でっぱった骨の上から、ひじに向かって引っ張るように貼ります。
2. 上端は肩関節の上に横テープを貼って止めます。
3. 下端はひじの関節の上に横テープを貼って止めます。

1日4～5時間、家事や仕事でよく腕を使う時間に貼りましょう。

肩関節の一番でっぱった骨の上
テープは5センチ幅
ひじに向かって引っ張るように
ひじの関節の上
腕をまっすぐに下ろした状態
1
2
3
太もも、ひざ、足首、顔、おしり、おなか、わきばら、首がやせる方法も！
◀◀詳しくはCHAPTER2へ

仙腸関節の緊張をほぐして、
ウエストを細くする

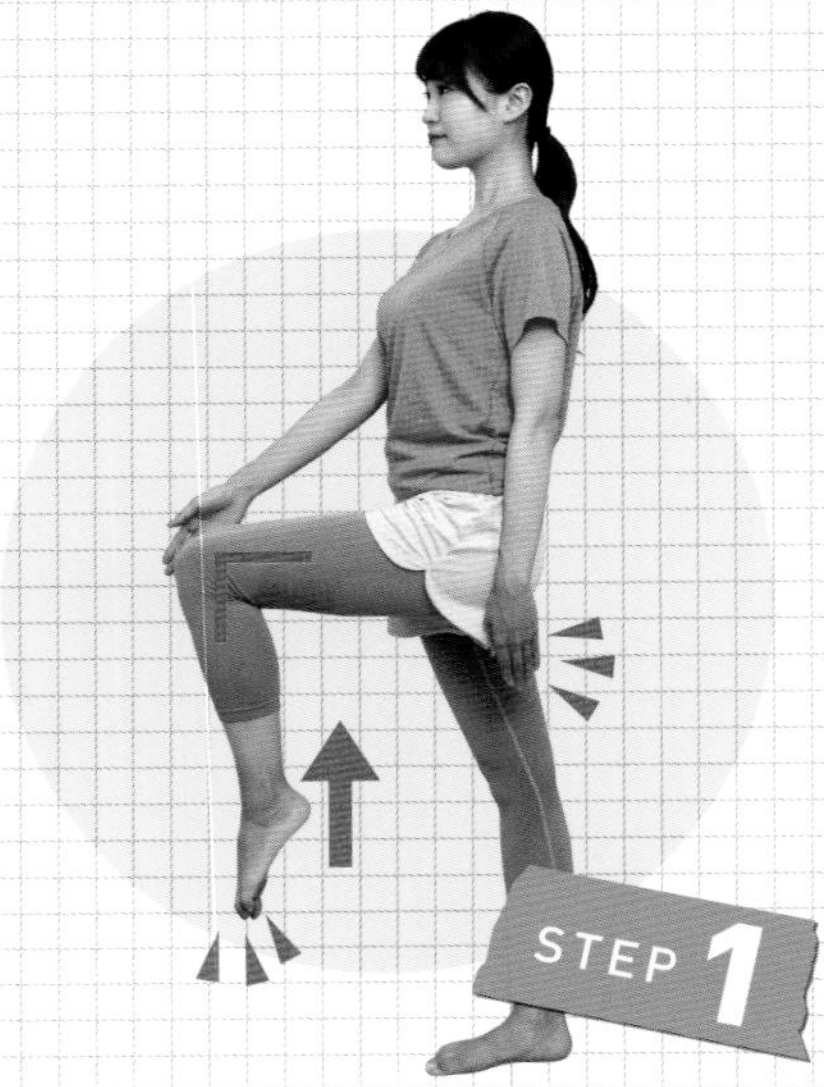

大腿から腰、ウエストの
骨と筋肉のバランスをとる

テープダイエットと組み合わせて効果大!

骨盤体操

1日6分でOK!

◀◀◀ 詳しくはCHAPTER 3へ

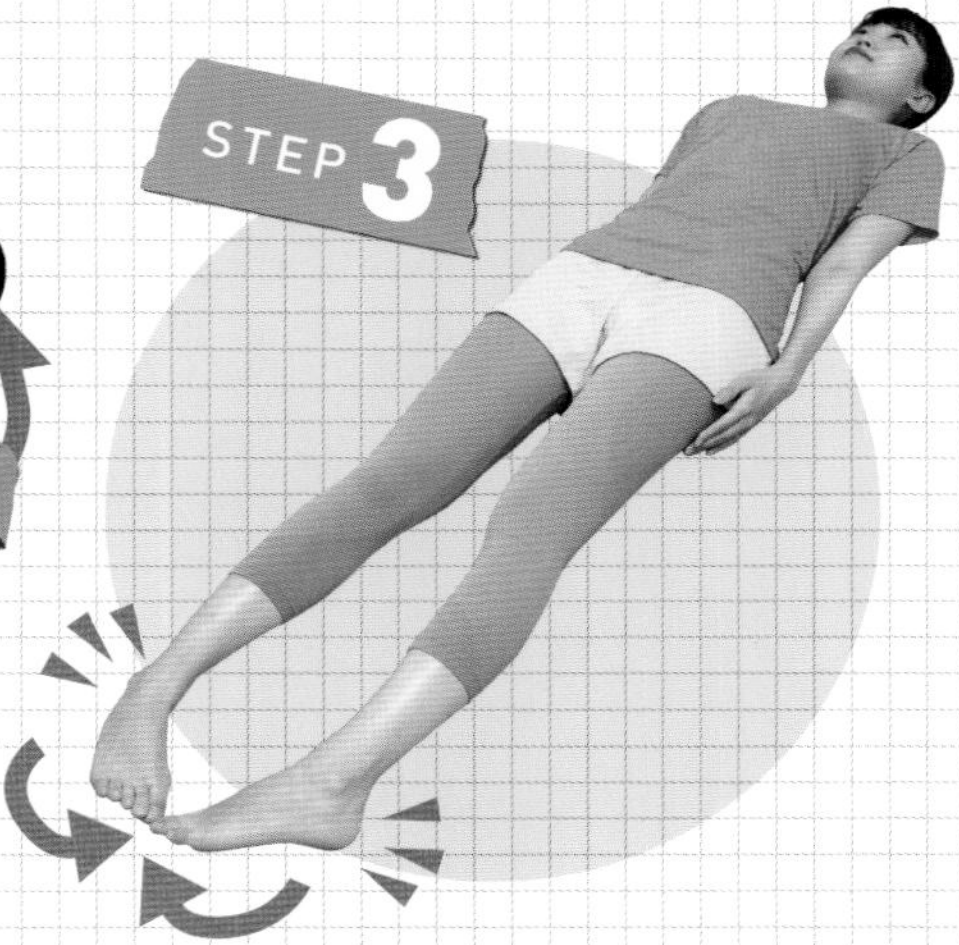

股関節のゆるみ、
ゆがみをととのえ、
骨盤の負担を軽くする

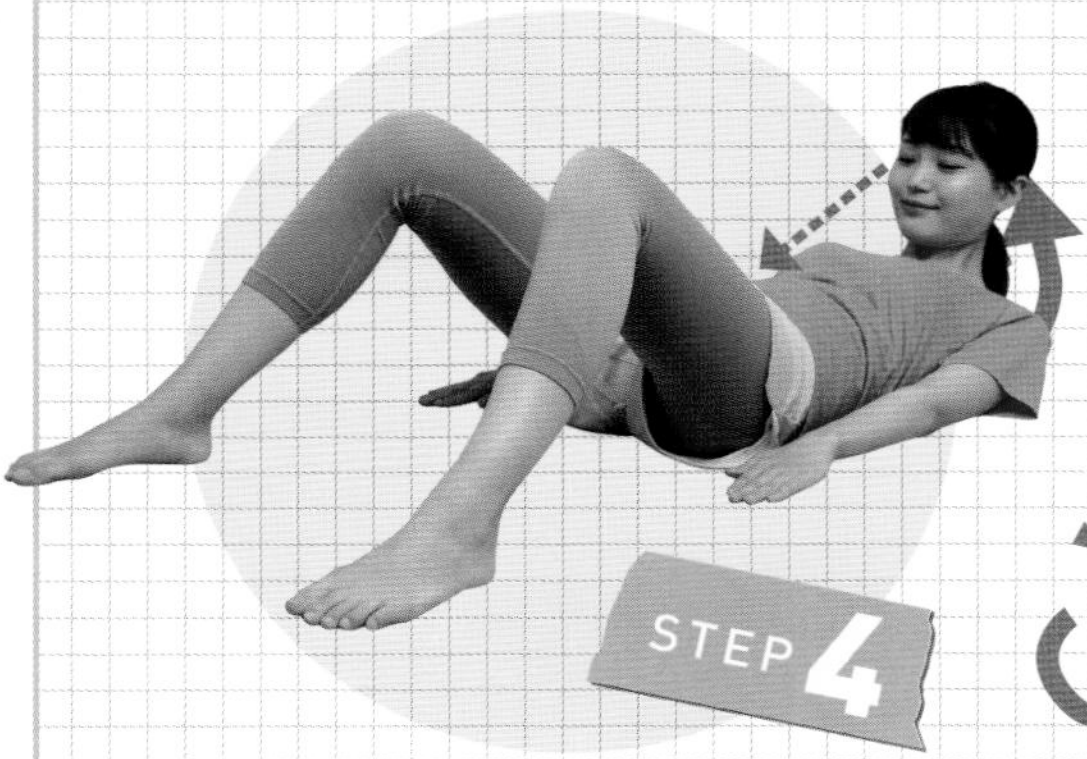

腹筋を強化し、
骨盤のゆがみを防ぐ

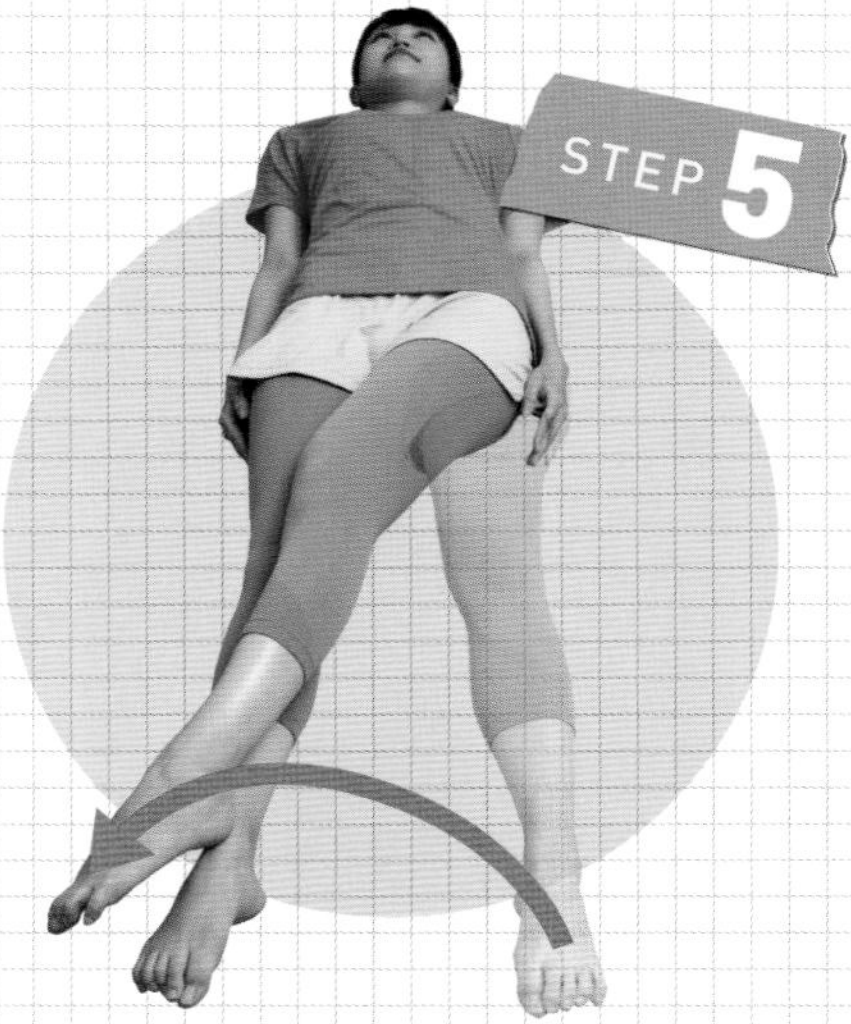

腰方形筋を引き締め、
体の横のラインを整える

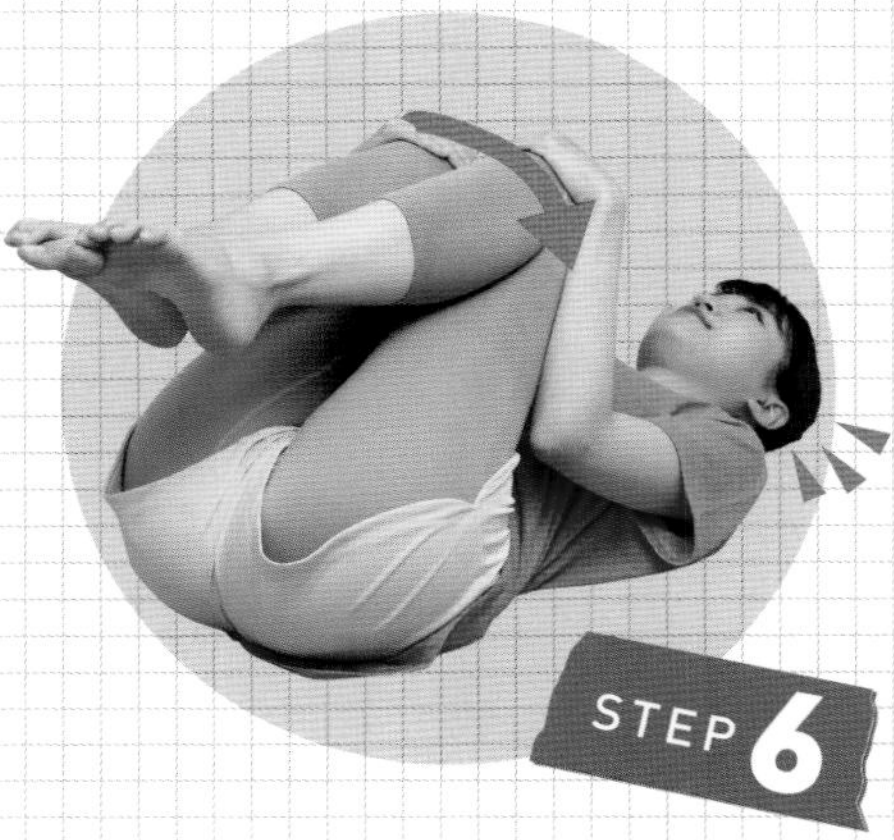

腰椎から仙骨にかけての
ゆがみを治して、新陳代謝を促す

1日数時間貼るだけ！

「テープダイエット」

始めましょう！

はじめに

私は、40年以上もの間、自然医療分野のカイロプラクティックドクターとして数多くの患者さんを診てきました。

その中で、やせるためのお茶やサプリメントを飲み、ハードな運動をし、食事制限をしてもうまくやせられなかった人や、急激なやせ方で体を壊してしまった人をたくさん見てきました。

「なぜ、目先の体重の変化にこだわるのだろう。太ってしまった根本の原因を見つけようとしないのだろう」

これが私の率直な疑問でした。

では、この太ってしまった原因とは何か。
それこそが、私が長年、治療に携わってきた**骨盤のゆがみ**にありました。

私が専門とするカイロプラクティックとはアメリカで生まれた医学で、その治療範囲は整形外科だけでなく、さまざまな分野に広がります。そして、その理論の元は「神経を調整すれば筋肉が活動し、骨が動く」ことにあります。

本書でご紹介する**「I《アイ》テープダイエット」**は、このカイロプラクティックの理論の延長線上にある手法です。

テープをやせたいところに貼ることで、ゆがみを調整し、身体をスッキリ引き締めるのです。

この方法は、昨日や今日生まれたダイエットのための即席療法ではありません。カイロプラクティックの臨床経験と症例研究の中で、実績を積み重ねてきた治療方法です。

コツをつかんで正しく使えば、効果は科学的にも明らかです。

難しいことなど何もありません。

用意するのは市販のテーピング用のテープのみ。

痛みも、リスクもなく、誰でも今日から始められます。

貼る時間も、1日最長4時間です。

●思いどおりのプロポーションをつくりたい人

●楽をしてきれいになりたい人

●いままでどんなことをしてもやせられず、さまざまなダイエット法に取り組んだけれど結果が出なかった人ぜひそうした方たちに取り組んでいただきたいと思います。

ひと月もすれば、新しく生まれ変わったあなたのシルエットが、鏡に映し出されることでしょう。

米国連邦政府公認ドクター

中島 旻保

貼るだけでやせていく! テープダイエット

Contents

貼るだけでやせていく! テープダイエット

Contents

Contents

本文デザイン　野口佳大
本文イラスト　彩葉
撮影　八木実枝子
モデル　鈴木さやか

テープダイエットの秘密

CHAPTER

1

太る原因は体のゆがみ？

「このごろ体が重くて、立っている時についどちらかの足に体重をかけてしまう」

「まっすぐ背筋を伸ばして座るとツライ。イスの背や肘にもたれかかるとラク」

最近太ってしまったという人から、このような声を聞くことがよくあります。

しかし、本当にこれらのクセは「太ってから」ついたものなのでしょうか。

もしかすると、そもそもそんなクセがあったために、体によけいな脂肪がついてしまったのではないでしょうか？


人には、みな動きのクセがあります。

立つ時に、どちらの足に体重をかけるか。イスに座った時、どちらの足を上にして組むか。座敷で横座りした時、どちら側に足をくずすか。いつも体が前かがみになる、「猫背」ではないか。体の左右どちらかに、常に重心がかかっていないか等々。

特に、**体をリラックスさせようとした時に出るこうしたクセが、「太りやすい体質」と密接に関係しています**。けっして、「体が重いからまっすぐ立つのがツライ」だけではないのです。

というのは、**体の動きにクセが出る原因は、体の中心を通っている「背骨」とその基になる「骨盤」のゆがみにあるからです**。

背骨は、24個の椎骨《ついこつ》という小さな平べったい骨が積木のように積み重なってできています。もし、その椎骨の重なりが、積木のように崩れたりゆがんだりしたらたいへんです。まっすぐ立っていることはできないし、神経や血管、内臓を守ることもできません。

そのため、椎骨の周囲には椎骨を包んでしっかり支えている筋肉組織があります。その筋肉組織に支えられて、背骨と連動しているのが、骨盤です。

骨が微妙にゆがめば、そのまわりにある筋肉もいっしょにゆがみます。するとは、**ゆがんだ筋肉のまわりに、脂肪がつきやすくなるのです。**

骨盤は、仙骨と腸骨という2種類の骨が組み合わさってできています。内臓を丸く包みこみ、左右の足の付け根を支えているために、非常にデリケートなつくりになっています。

この骨盤がほんの少し広がったり、左右にゆがんだりしているだけで、さまざまな痛みや体型のゆがみの原因になります。

そして、下腹にばかり脂肪がつくとか、腰に肉がついておしりがたれさがってしまうなど、脂肪太りや、太ももが太くなるなどの原因にもなるのです。

出産を例に挙げて説明しましょう。

妊娠後期になりおなかがどんどん出てくると、体は出産準備にとりかかります。つまり、胎児が産道を通りやすいように、骨盤が開き気味になるのです。

すべての原因は骨盤のゆがみ！

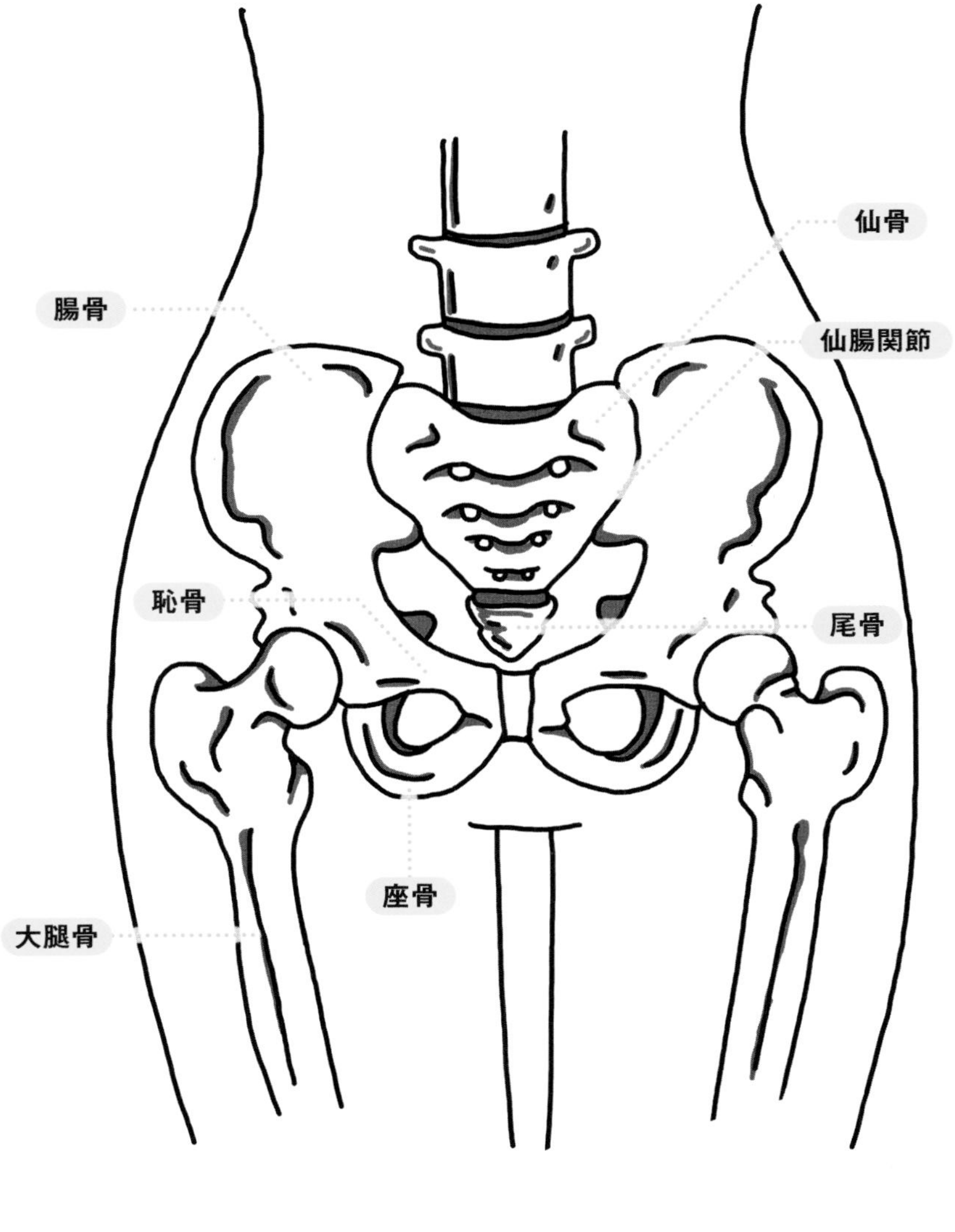

このため、妊娠後期には腰痛がひどくなったり、便秘になったりすることもあります。

しかしもっと大きな問題は、出産後もこの骨盤がなかなか元の状態に戻りにくいことにあります。


「子どもを産んだ後、体重が戻りにくくて困る」

「おなかだけがボコッと出て、ウエストが3センチも太くなった」


こうした悩みは、妊娠出産を経て、骨盤がゆがんでしまったために起こります。

多くの人は、子どもを産んだのだから、おなかがたるんでも仕方がないと思いがちです。しかし、骨盤のゆがみが原因であるのならば、**骨盤をもとの位置に戻るよう調整することで、よけいなたるみや脂肪を取り除くことができるのです。**

自分でできる骨盤のゆがみチェック

骨盤のゆがみの原因は妊娠、出産だけではありません。私たちは、日常的にさまざまなストレスにさらされています。このストレスもまた、ゆがみをもたらすのです。

ストレスとは精神的なものだけではありません。

添加物の多い食べ物や、薬、たばこやお酒などが体にもたらす化学的なストレス、筋力や骨格の異常、臓器異常など、その人の体が生まれながらにして持っている構造的なストレスもあります。

ハイヒールやストッキングなどで体を締めつけたり、冷やしたりすることも構造的なストレスの一因になります。

こうしたストレスによって、骨盤のゆがみが生じると、左右の足や腰の位置がズレたり、左右の開き方に違いが出るなどの形で現れてきます。

自分の骨盤がゆがんでいるかは、次の3つの方法で確認できます。

●左右のウエストライン

●左右のひざの高さ（しゃがんだ時）

●左右の足の長さ（くるぶしの位置）

骨盤が右上がりにゆがんでいると、右足の筋肉は弛緩し、左足の筋肉は緊張します。するとり腸がうまく働かず便秘になりやすくなります。便秘が太りすぎの一因になるのは、いうまでもありません。

また、骨盤が開き気味になっていると、脂肪は横に広くつきやすくなり、おしりが大きく太って見えます。また、骨盤が閉まり気味にゆがんでいると、下腹部に脂肪がつき、おなかが前に突き出すような太り方になるのです。

骨盤のゆがみチェック

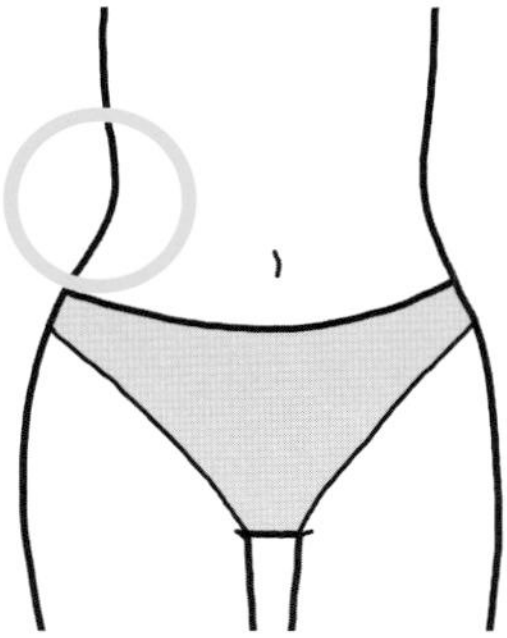

Check 1

ウエストライン

右のウエストラインが切れこんでいれば骨盤は右肩上がりにゆがんでいる

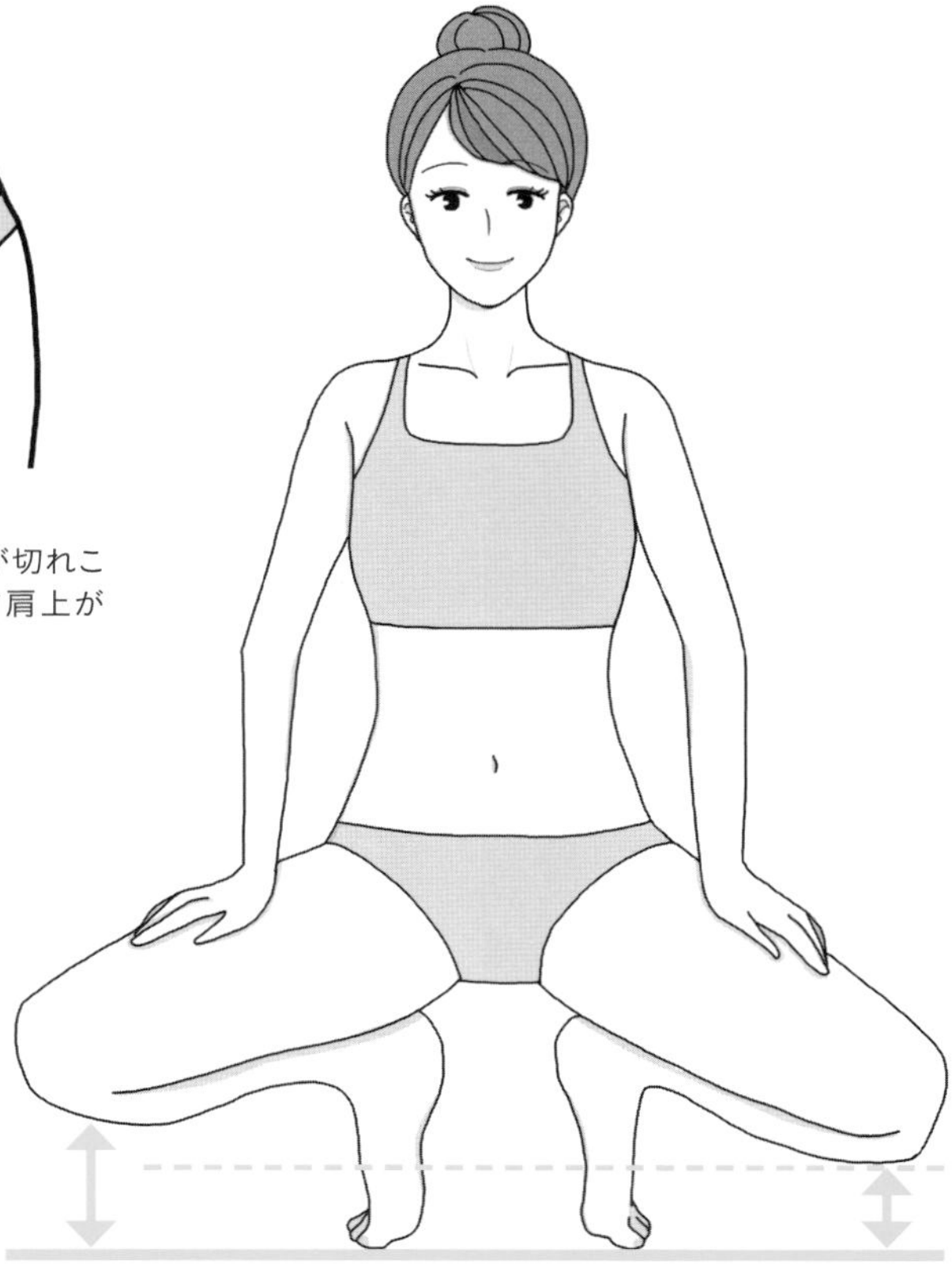

Check 2

ひざの高さ（しゃがんだ時）

右ひざより左ひざが下がっていれば骨盤は右肩上がりにゆがんでいる

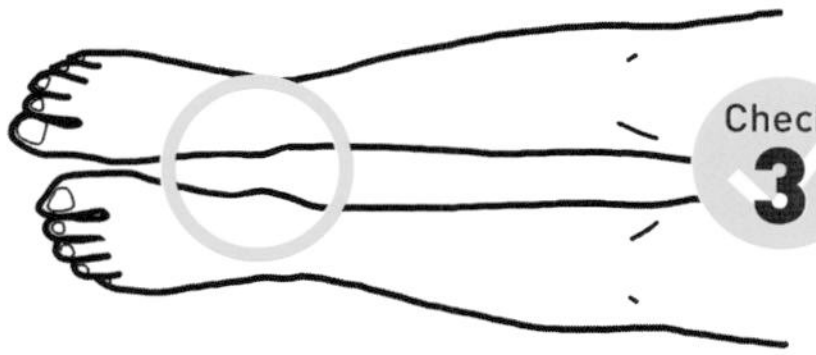

Check 3

足の長さ（くるぶしの位置）

右足のほうが長ければ骨盤は左上がりにゆがんでいる

骨盤がゆがんでいると足の筋肉が緊張して、つま先が外側に倒れにくい

抗重力筋を引き締めれば、ゆがみがとれる

骨盤のゆがみが、太る原因になるということは、これを解消することがダイエットの成功につながります。

つまり、骨を元の正しい位置に戻せば、足や腰の形が変わり、脂肪は居場所がなくなってどんどん燃焼していきます。スタイルがよくなり、体重も減っていきます。なかには、減った体重以上に、体が引き締まって見える人もいます。

では、どうやって、体のゆがみを治すのか。

ポイントは、**骨盤を支える「抗重力筋」を引き締める**ことです。

抗重力筋とは、体が重力の重みに耐え、直立した姿勢を保っていられるように働いている五つの筋肉のことです。

「抗重力筋」を引き締めよう

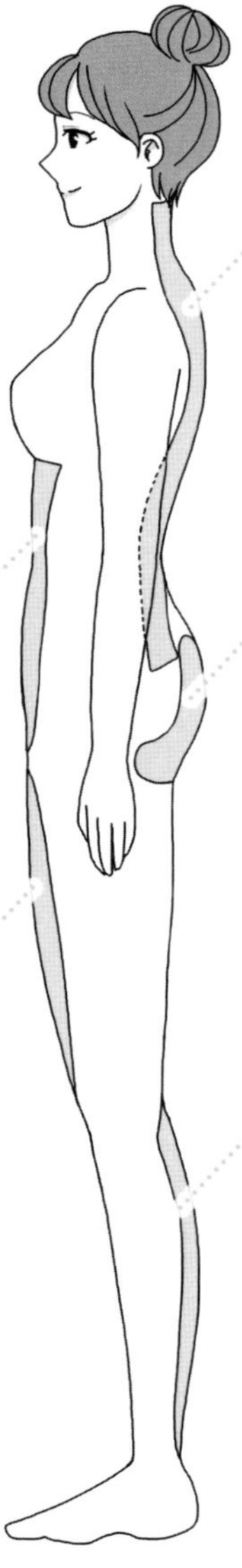

脊柱起立筋
背中部分を走っている筋肉で、頸から腰にかけての脊柱の運動を支える

腹直筋
おへそを中心にしておなかを縦に2本走る筋肉。背を丸めたり腹圧を高める

大殿筋
おしりを大きくおおっている筋肉。股関節を伸ばしたり拡げたり、後ろに足を蹴り上げたりする

大腿四頭筋
太もも全部をおおう筋肉。立ち上がったり走ったりするときにひざを伸ばす

下腿三頭筋
ふくらはぎの後ろにあり、かかとを持ち上げてつま先立ちをするときに使う

いわば、体のつっかえ棒であり、スプリングだといってもいいでしょう。

抗重力筋は、健康な状態ではお互いにバランスのよい強さで引っ張りあい、体の均衡を保つ働きをしています。

これがもし、どこか1カ所だけが強く働いたり、逆に弱くなったりしたら、体の筋肉バランスがくずれてしまい、骨盤のゆがみが起こりやすくなります。

そして、お腹や、お尻、太ももなどのだぶつきも、この抗重力筋のバランスのくずれから起こってくるのです。

つまり、**抗重力筋を鍛えれば、よけいな脂肪が燃焼されるだけでなく、骨盤のゆがみが解消され、スッキリしたプロポーションができあがる**のです。事実、さまざまなダイエットを目標にした運動の中には、抗重力筋の筋力アップを目標に作られているものがたくさんあります。

しかし、この筋肉を鍛えるのは、実はとてもたいへんなことです。

特に、背骨を両側から支えている脊柱起立筋などは、鍛えようとしても鍛えられるものではない「天然のコルセット」ともいわれています。

仮に、運動によって全身の抗重力筋を鍛えようとすると、プロスポーツの選手のように毎日ハードな運動や筋力トレーニングを続けなくてはいけません。時間もお金もあって、ダイエットだけに毎日を費やそうとするならそれもいいでしょう。

しかし、仕事や家事に追い回されて日常生活を営みながら、そんなことが一体どれだけの人にできるでしょうか。

さらに、今まであまり運動をしてこなかった人や一定の年齢に差しかかった人は、脂肪のだぶつきも気になるでしょうが、同時に筋肉の柔軟性も失われています。そんな人が突然運動をはじめても、かえって腰痛などを起こしやすくなり危険です。

年齢が上がるにつれて筋肉の柔軟性は失われやすくなりますから、エクササイズひとつするにも注意が必要です。

テープでゆがみをとり、スッキリボディに！

どのような年齢の、どのような体調の人でも、安全に、抗重力筋を引き締める方法――それが、**カイロプラクティックの原理に基づいたテープダイエット、通称「I《アイ》テープ」**です。

カイロプラクティックはアメリカで1895年に生まれ、その治療範囲は、整形外科だけでなく、内科、神経科、内分泌科、産婦人科、口腔外科にも広がっています。

カイロプラクティックは、骨そのものを扱うものではありません。

「骨の周囲をとり巻いている筋肉のゆがみを元に戻し、骨格を自然に調整する」

「骨格という体の土台のゆがみを治すことで、内臓や神経、ホルモンの不調など体全般を治していく」ものです。

Iテープとは、**やせたい部分の筋肉、すなわちたるんでしまった抗重力筋をカバーするようにテープを貼り、関節の部分でIの字に押さえる**方法です。

テープで筋肉を間接に固定

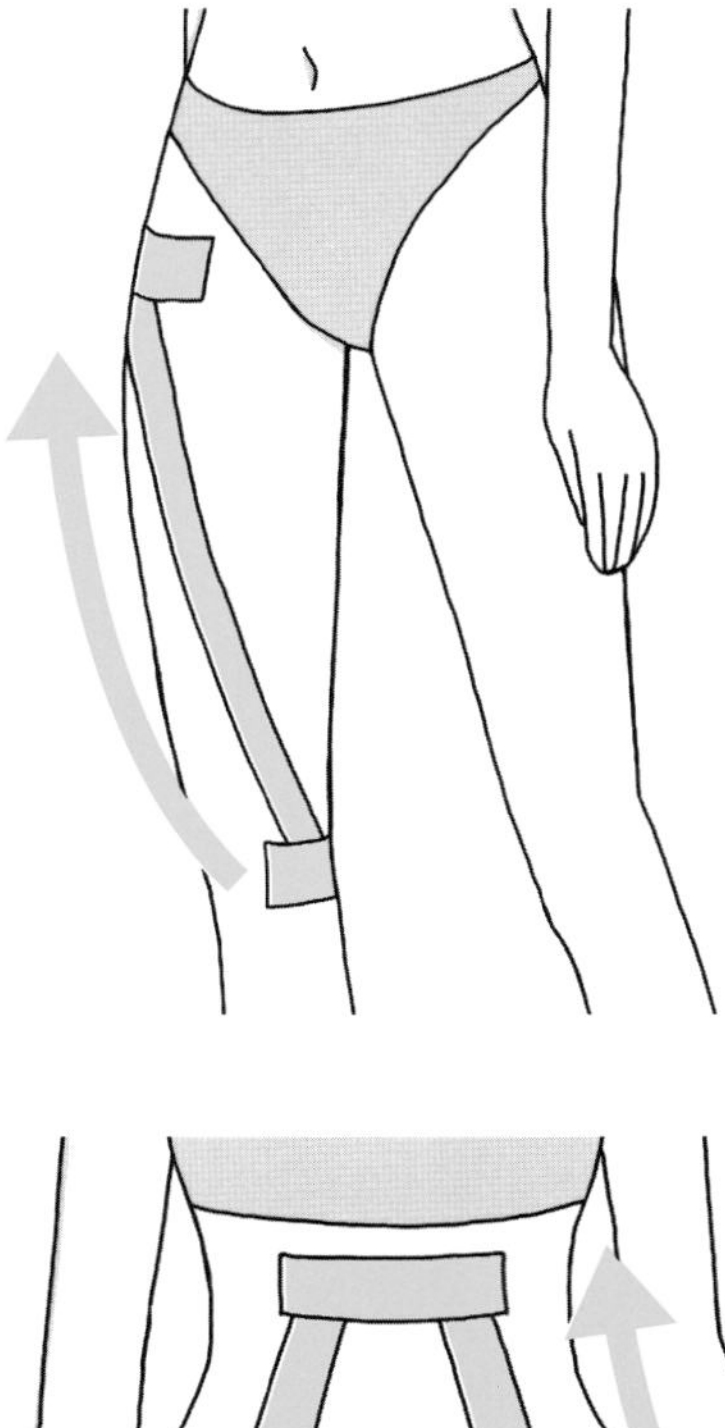

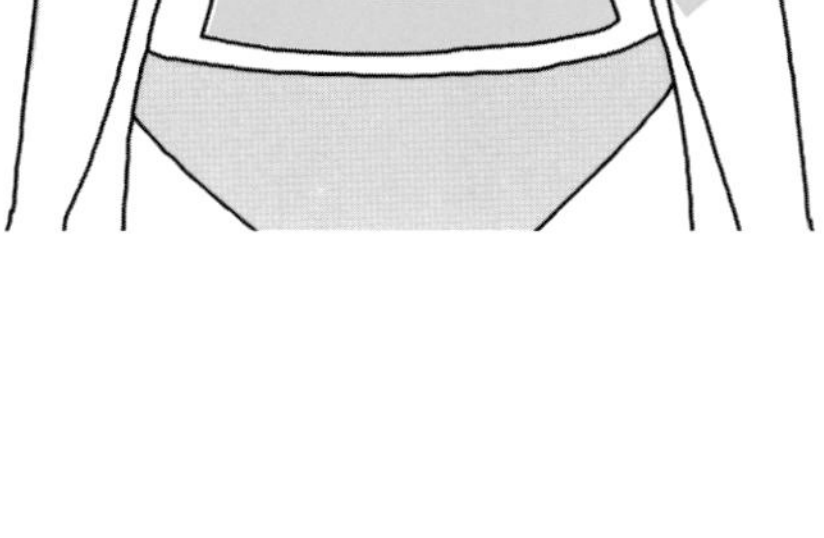

このように、筋肉にギブスをはめるように固定した状態で体を動かすと、筋肉がどんどん調整されていきます。

そして、**筋肉のゆがみが治るにつれて骨の位置が調整され、正しい形に戻ります。**同時に、その部分についていた**脂肪がとれて、スッキリした体形になるのです。**

毎日数時間ずつ|ーテープを貼って体を動かしていれば、筋肉が引き締められ全身の骨格と筋肉のバランスがすっかりよい状態に整います。

その間、早い人なら3日間。つまり、**3日後には「太ももがスッキリする」「腰の肉がとれ、ヒップアップにつながる」**といった効果が現れるのです。

|ーテープは、骨と筋肉という体の土台を正常に戻すものです。そして、一度バランスが整えば、そのバランスをまた崩すような無茶なマネでもしない限り、そうそう元に戻るものではありません。

貼るだけ！
テープダイエット

CHAPTER

2

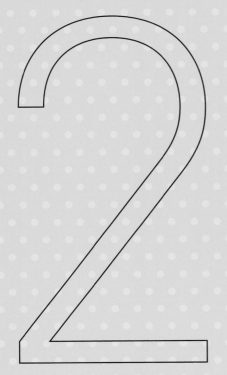

テープダイエットを始める前に

Iテープは、解剖学の理論に基づいた療法です。

年齢を問わず誰でも行えるだけでなく、これまで数万人の患者さんにIテープを施してきましたが、障害などが起きたことがない、安全な方法です。

テープには、**薬局などで売っている固定用テープ（非伸縮タイプ）**を使います。

肌が弱くて、肌荒れなどのトラブルが心配な人は、通気性のいいアセテート素材のものを選ぶといいでしょう。

そして、腕などにテープを小さく貼ってみて、かぶれなどが起こらないことを確かめてから行ってください。

万が一、皮膚トラブルが起きたら、即刻中止して専門医の指示に従ってください。

テープの幅は、基本的に5センチ幅のものを選びます。

テープは、やせたい部分の筋肉や関節をカバーするように貼ります。するとテープで固定した関節が、そのまま体を動かすことによって徐々に正しい位置に牽引され、同時に筋肉も引っ張られて正常に戻ります。

筋肉と関節をカバーするように

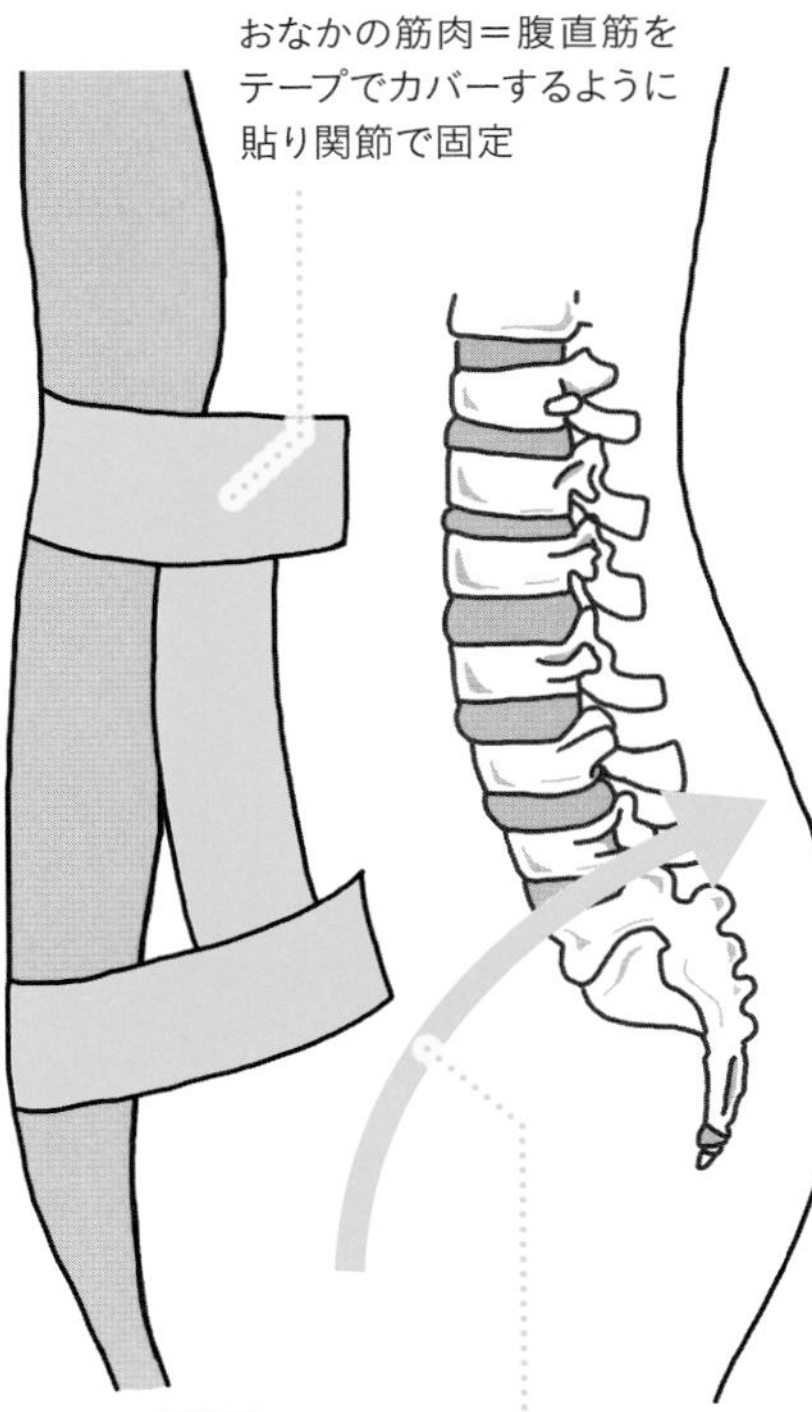
おなかの筋肉＝腹直筋を
テープでカバーするように
貼り関節で固定

POINT

体を動かすことで骨盤の過前弯が調整され、おなかのたるみが解消！

貼り方は、大きくわけて、テープの起点と終点に関節がくる貼り方と、関節が一テープの中心にくる貼り方の二つがあります。

手足の末しょうに貼る時には、補強のテープが手足を1周してしめつけないように気をつけます。

基本的に**1周する手前でカットする**ようにしてください。

「ダイエットなんだから、いつもよりたくさん運動しなきゃ」

「テープがはがれるといけないから、なるべく動かないようにしよう」

といったことを気にする必要はありません。

「エスカレーターに乗るところを階段で昇り降りする」「家で拭き掃除の回数を1回増やす」ぐらいの工夫で十分です。

まずは**10日から2週間**、決められた時間を守って、貼ることを続けてください。

もしも、かぶれやかゆみなどを感じなければ、朝から夕方までとか、昼から夜までというように、決められた時間貼りっぱなしにしてもかまいません。

かゆみを感じたらすぐにはがすようにしてください。たった1時間か2時間でも、毎日続ければ効果が現れるので、無理をしないことです。

それでは、具体的な貼り方を解説しましょう。

太もも❶

太ももの前についている脂肪をとり全体を引き締める

脂肪が太もも前部について、太もも全体がパンパンに盛り上がって見えるタイプには、この貼り方がお勧めです。抗重力筋の中の大腿四頭筋と下腿三頭筋のバランスをよくし、太もも全体を引き締める作用があります。

テープは5センチ幅を使用。**ひざのお皿の内側をスタートにします。そこから太ももの前部を横切るようにして、左右の足の付け根にある腰骨の出っ張りまでテープを貼ります。**

最後に、上下の端を短く切ったテープで止め、補強します。

テープをとるときは逆に上から下へはがします。

1日4〜5時間、活動的な時間を選んで貼ってください。

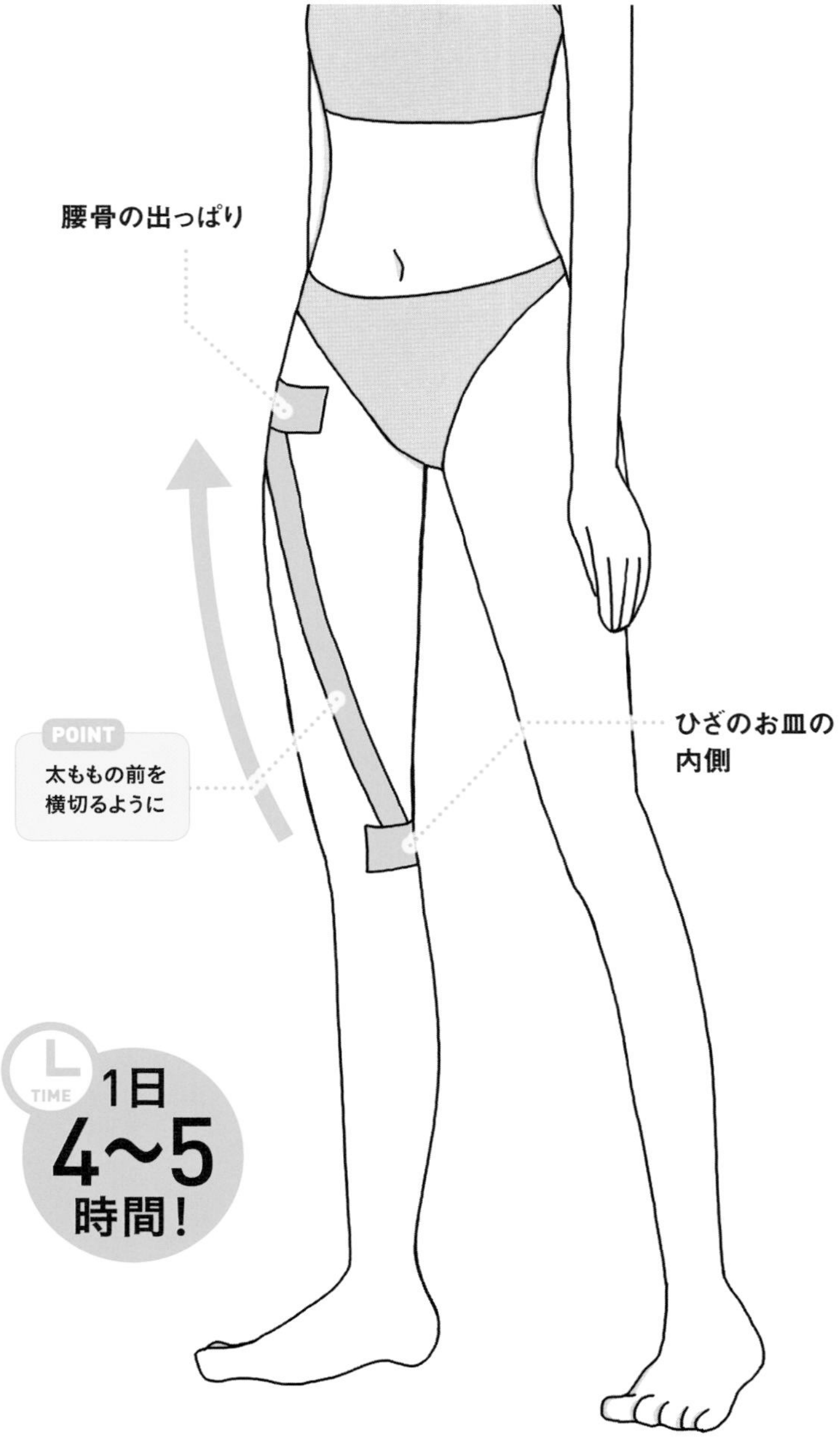
腰骨の出っぱり
POINT
太ももの前を
横切るように
ひざのお皿の
内側
TIME
1日
4～5
時間！

太もも❷

腰からももについた脂肪をとる

「横からみるとそれほど太くないのに、前から見るとももが腰よりふくらんでいて太って見える」。

こういう人は、骨盤にゆがみがあるために股関節が外側に張り出していて、その周辺によけいな脂肪がついてしまっています。腰痛なども起こしやすい体型ですから、治しておいたほうがいいでしょう。

太ももだけでなく、腰まわり全体が引き締まってきます。

5センチ幅テープを使用し、**スタート点はひざの上10センチぐらいのあたりにします。太ももの側面をまっすぐに上げ、腰骨のすぐ上ぐらいのところまで貼ります。**

両端を短く切ったテープで止めます。とるときは逆に上から下にはがします。

1日4〜5時間、活動的な時間を選んで貼ってください。

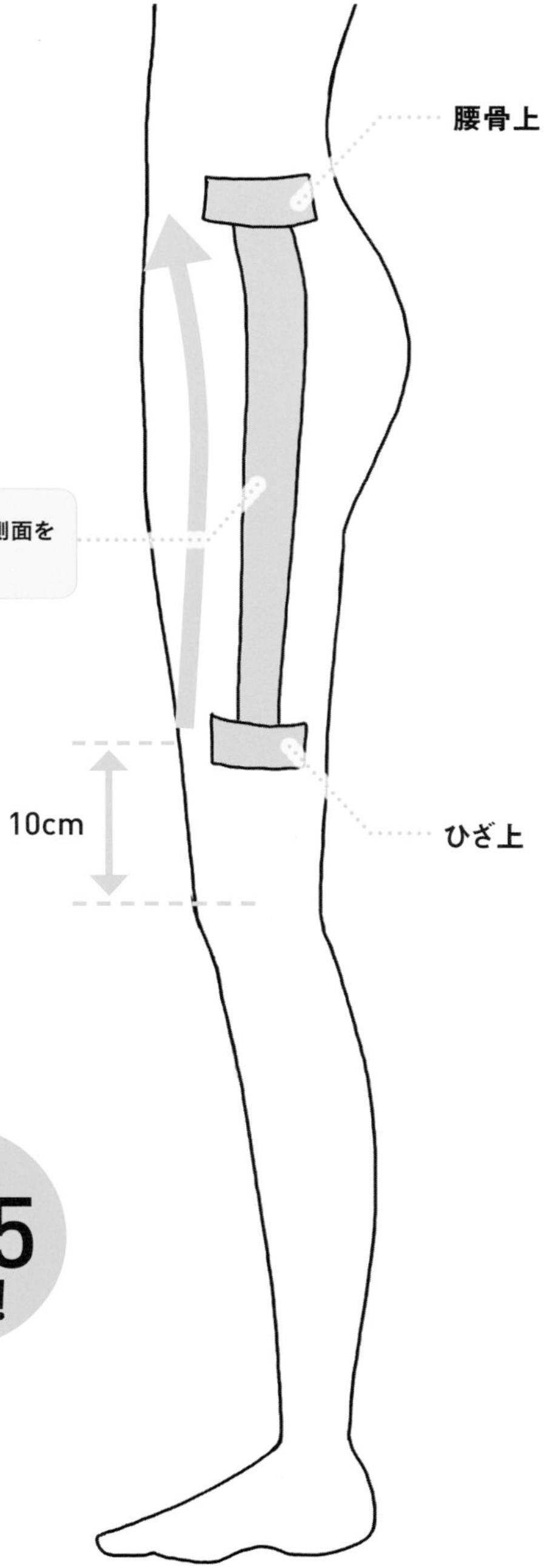
腰骨上
POINT
太ももの側面を
まっすぐ
10cm
ひざ上

1日
4〜5
時間！

太もも❸

ももの内側の脂肪をとれば歩き方もきれいに

最近急に太ったというとき、ももの内側に脂肪がつきやすくなり、歩くときなどにじゃまに感じます。

しかし、太もものの内側のようにふだんあまり鍛えていない部分は、逆にかえってやせやすいともいえます。Iテープを貼るだけでなく、次章で紹介する骨盤体操などで少しずつ筋肉を動かすようにしていきましょう。筋肉が引き締まって、たるんだ脂肪がとれれば、歩き方もさっそうとして変わってくるはずです。

5センチ幅テープを使用し、**ひざ下10センチ内側あたりをスタート地点にします。ひざ関節の内側を通って、ももの内側の付け根あたりまで、縦にまっすぐ貼り、両端を短く切ったテープで止めます。**

Iテープをとるときは、上から下へはがします。

1日4〜5時間、活動的な時間を選んで貼りましょう。

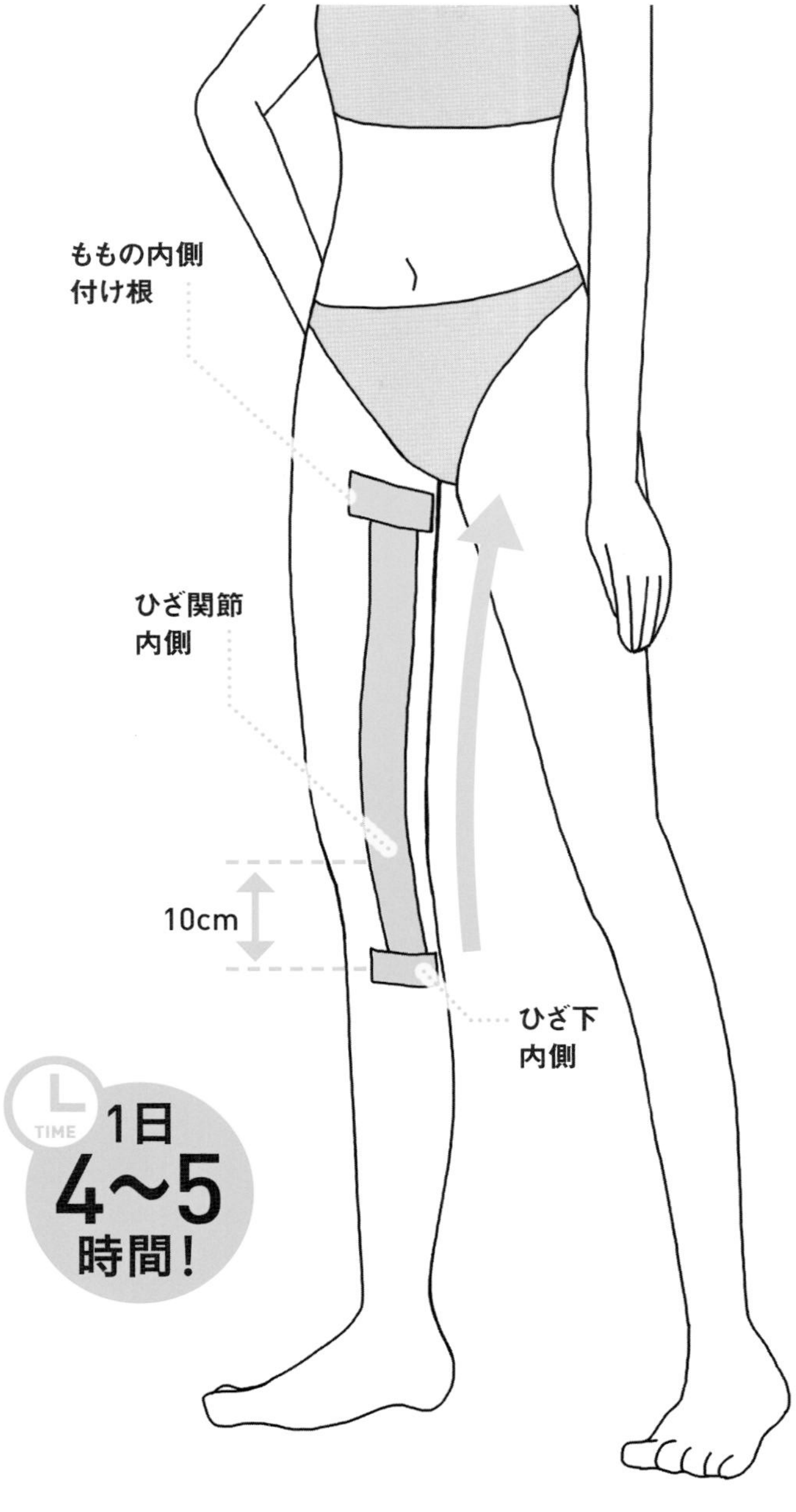
ももの内側
付け根
ひざ関節
内側
10cm
ひざ下
内側
TIME
1日
4〜5
時間!

ふくらはぎ ❶

テープで横の脂肪をとって足を細く

ふくらはぎが太くなるのも骨盤のゆがみが原因です。ふくらはぎをおおっているのは、抗重力筋の一つである下腿三頭筋という強い筋肉。そのうちのヒラメ筋が、骨盤のゆがみの影響を受けてズレているので、ふくらはぎに脂肪がつきやすくなります。

ふくらはぎの両サイドに脂肪がつき、前から見て太く見える人に有効です。

5センチ幅テープを2本使います。

1本は足首後ろのアキレス腱の位置から、内側の脂肪の盛り上がりを包むようにテープを通してひざ関節の裏側で止めます。2本目の起点と終点は1本目と同じにして、ふくらはぎ外側の脂肪を包むように貼ります。2本のテープの上下を、短いテープで止めます。**ひざや足首を1周しないように**注意してください。

テープをとるときは、逆に上から下へはがします。

1日4～5時間、活動的な時間を選んで貼りましょう。

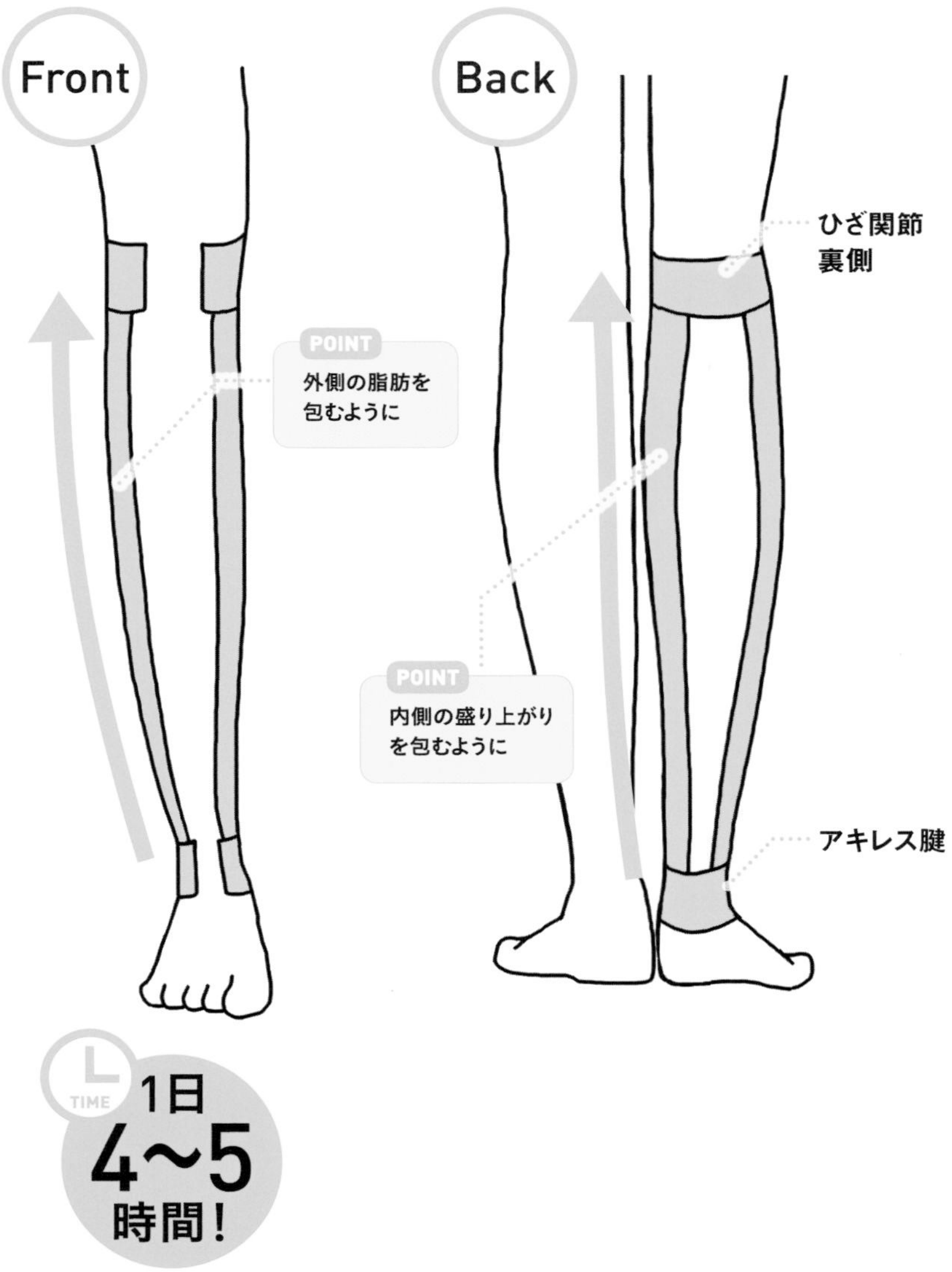
Front
Back
POINT
外側の脂肪を
包むように
ひざ関節
裏側
POINT
内側の盛り上がり
を包むように
アキレス腱
TIME
1日
4〜5
時間！

ふくらはぎ②

ふくらはぎの後ろの脂肪をとって足スッキリ

ふくらはぎの後ろにいらない肉がついてしまうのも、やはり骨盤のゆがみが原因です。ふくらはぎをおおっているヒラメ筋のズレを調整すれば、すっきりと引き締まったふくらはぎができあがります。

「後ろにも両サイドにもお肉がついていて、ふくらはぎ全体が太い」と思う人は、イスに座って足をこころもち上げ、ふくらはぎの力を抜いた状態でさわってみます。サイドと後ろ部分のどちらが特に太いかを見て、太いほうにテープを貼ってください。

5センチ幅テープを2本使用し、**ふくらはぎの後ろに2本並べて貼ります。**

テープのスタート点は、足首の裏側。脂肪の盛り上がった部分を2本のテープでおおうようにして、ひざ裏側の関節まで貼ります。上下の端を横テープで止めます。

テープをとるときは、逆に上から下へはがします。

1日4~5時間、活動的な時間を選んで貼りましょう。

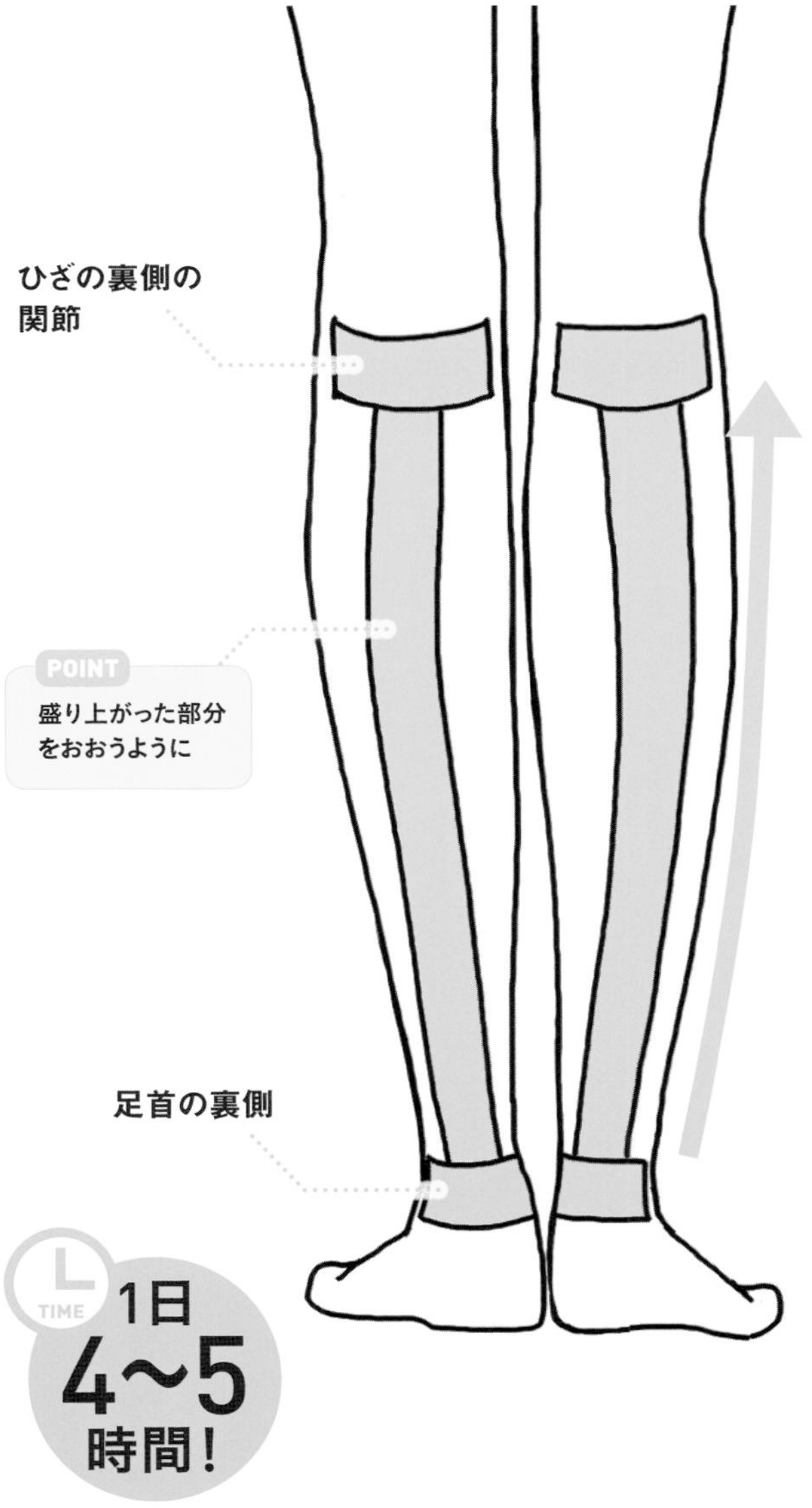
ひざの裏側の
関節
POINT
盛り上がった部分
をおおうように
足首の裏側
TIME
1日
4〜5
時間！

ひ　ざ

お皿の下の脂肪をとる

太ももやふくらはぎなどとともに気になるのが、ひざのお皿のまわりについた脂肪のたるみです。

また、よぶんな脂肪は関節の動きに対しても負担になるので、ひざ痛の一因にもなります。

使用するのは5センチテープです。

内側のひざ上から、ひざ下の脂肪をひきあげるような形でグルリと囲み、外側のひざ上まで伸ばします。

テープの端と端を押さえるように、ひざ上にテープを通します。

ひざの裏側は開けておきます。

1日4～5時間、活動的な時間を選んで貼りましょう。

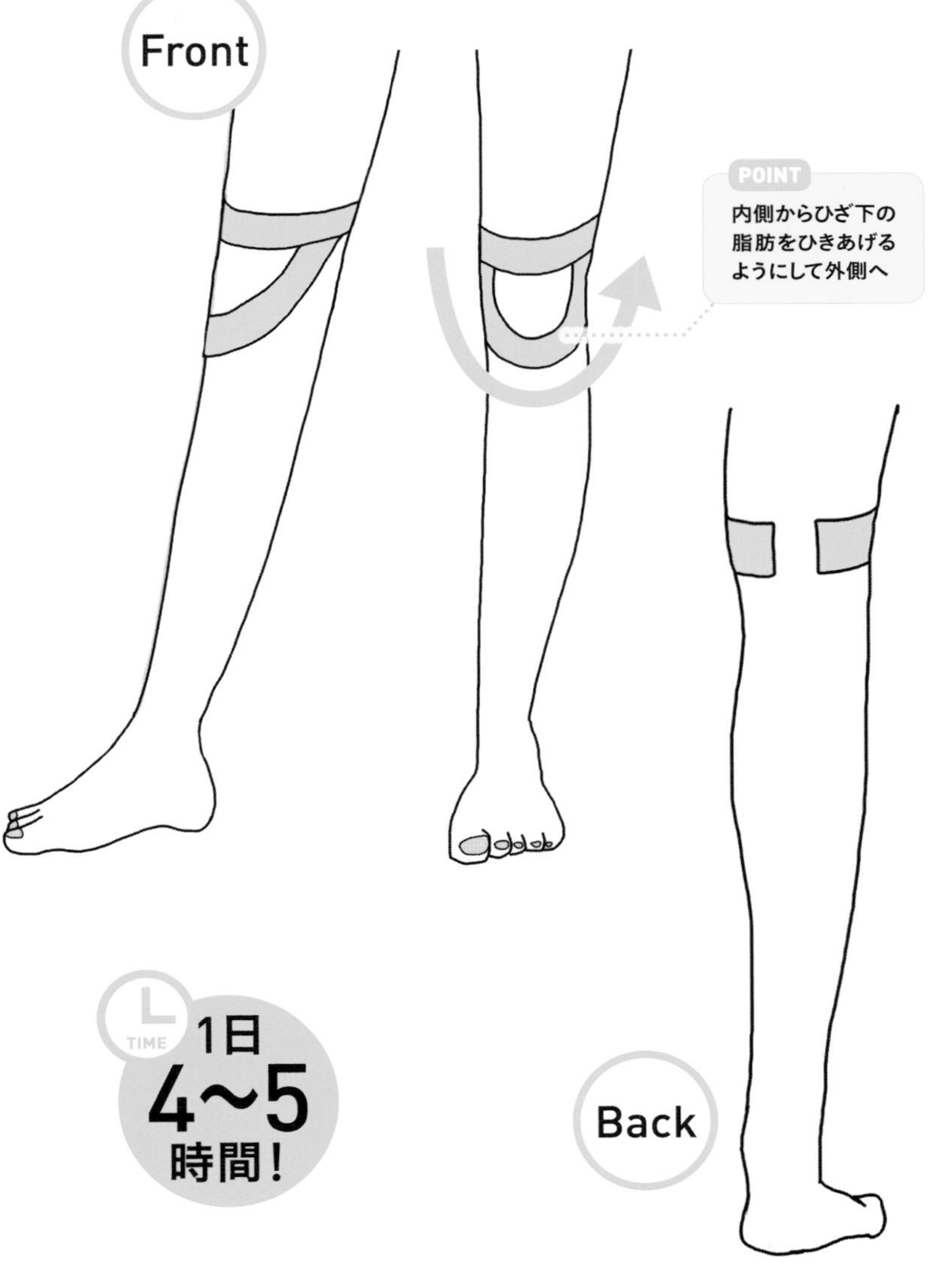
Front
POINT
内側からひざ下の
脂肪をひきあげる
ようにして外側へ
Back

TIME 1日 4〜5 時間！

足首

足首をキュッと引き締める

キュッと引き締まった足首とは、アキレス腱の両脇に小さいエクボができ、つま先立った時にもシワやたるみがない状態を指します。

また、足首は、1日中全身の体重をささえているために、むくみの出やすい場所でもあります。Ｉテープでむくみをとり、理想の足首をつくりましょう。

足首には、5センチ幅のテープを使用します。

足首を直角にして、内くるぶしの10センチ上からテープを貼り、足の裏（かかと）を通して外くるぶしの10センチ上まで貼ります。それぞれの端を横テープで止めます。1本のテープで止める時は、**血流を妨げないよう足首を1周する手前で止めるようにします。**

お風呂上がりの2時間、もしくはＩテープを貼ったまま寝て翌朝はがしましょう。

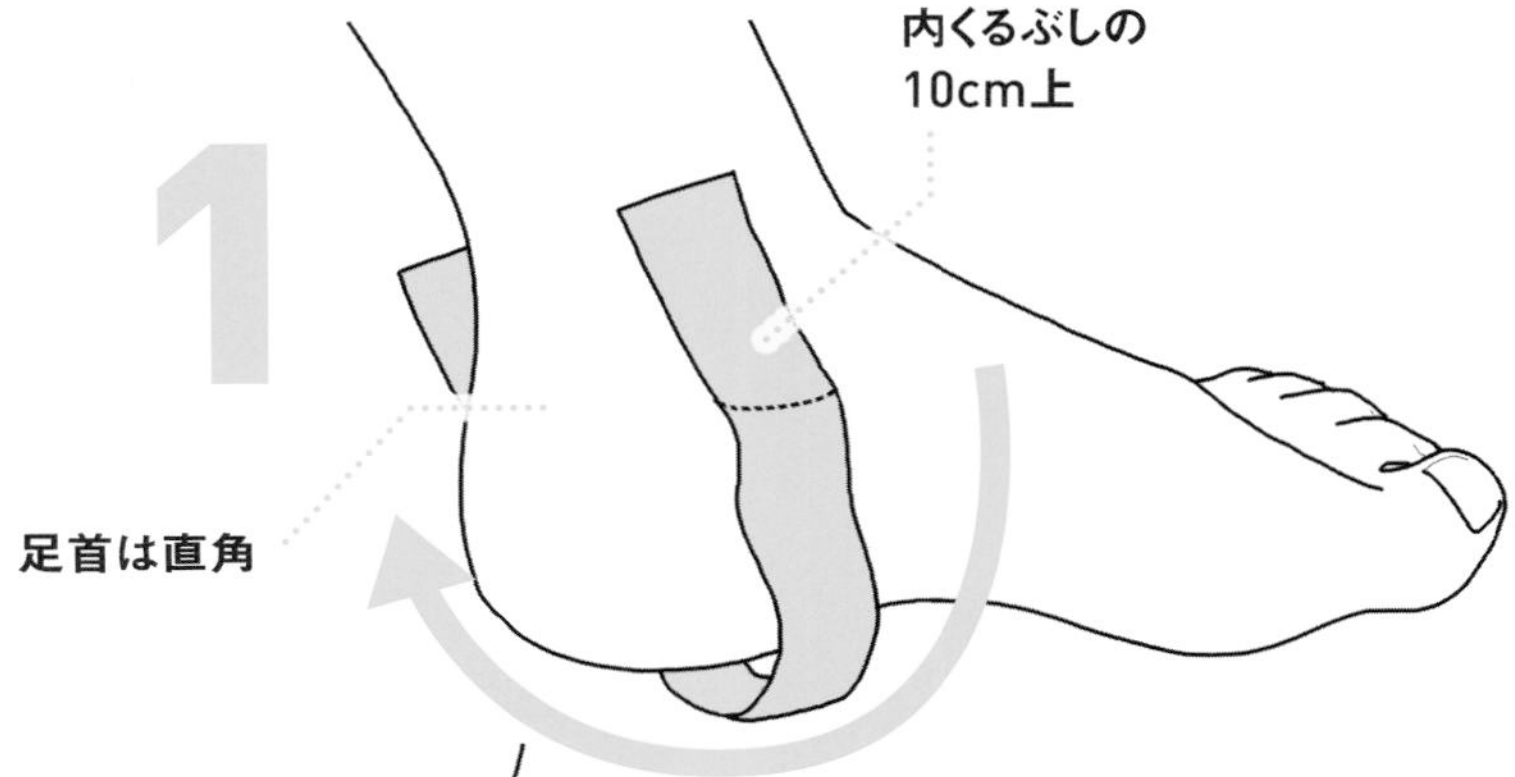
1
内くるぶしの
10cm上
足首は直角

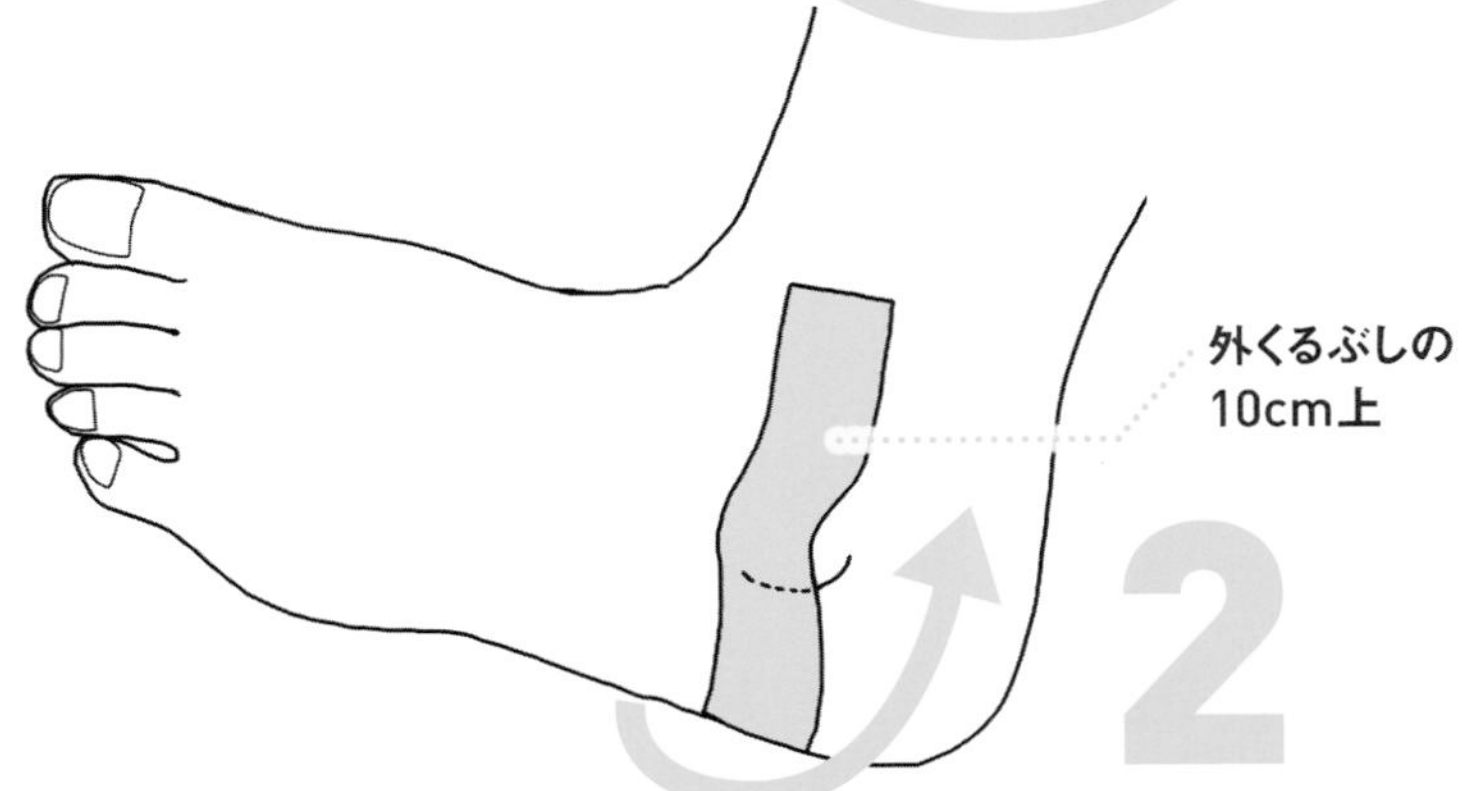
外くるぶしの
10cm上
2

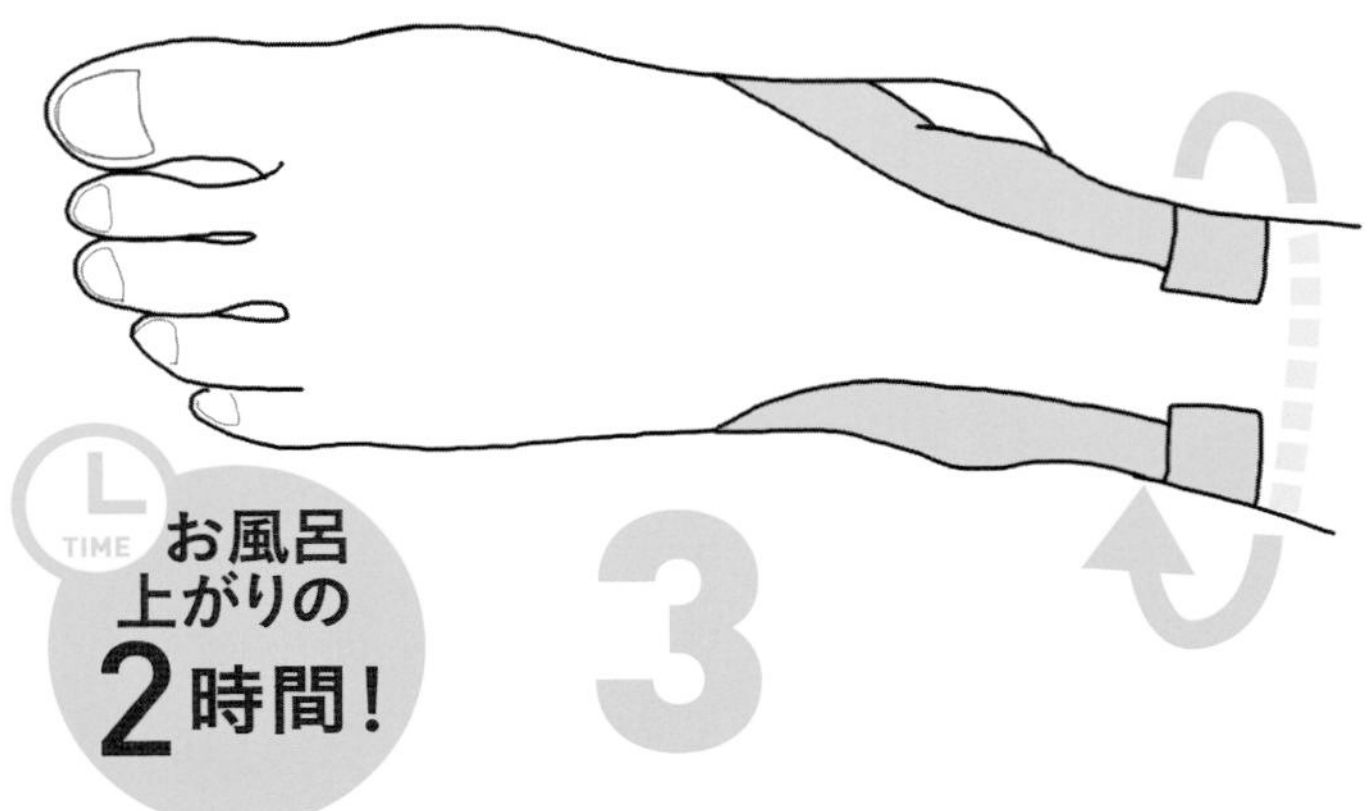
3
TIME
お風呂
上がりの
2時間！

O 脚

O脚を治して足美人に

両足が外側に広がっていて両ひざがつきにくいのが、O脚の症状。ひざや足首にもよけいな負担をかけます。

O脚の人に特徴的なのは、左右どちらかの腰骨が外へ飛び出していること。この骨盤のゆがみが足関節のズレを作り、太ももの筋肉をたるませているのです。

ねんざや外反母趾などの予防のためにも治しておきましょう。

使用するのは5センチ幅テープ。30センチの長さのものを3本用意します。

太もも付け根あたりにある腰骨の下のでっぱりを中心にして、30センチ長さのテープを✳型に下から上へ3本貼ります。3本をまとめるようにして、上下を横テープでとめます。

ひざの外側にも5センチぐらいのテープを貼ると、さらに効果が高まります。

1日4～5時間、活動的な時間を選んで貼りましょう。

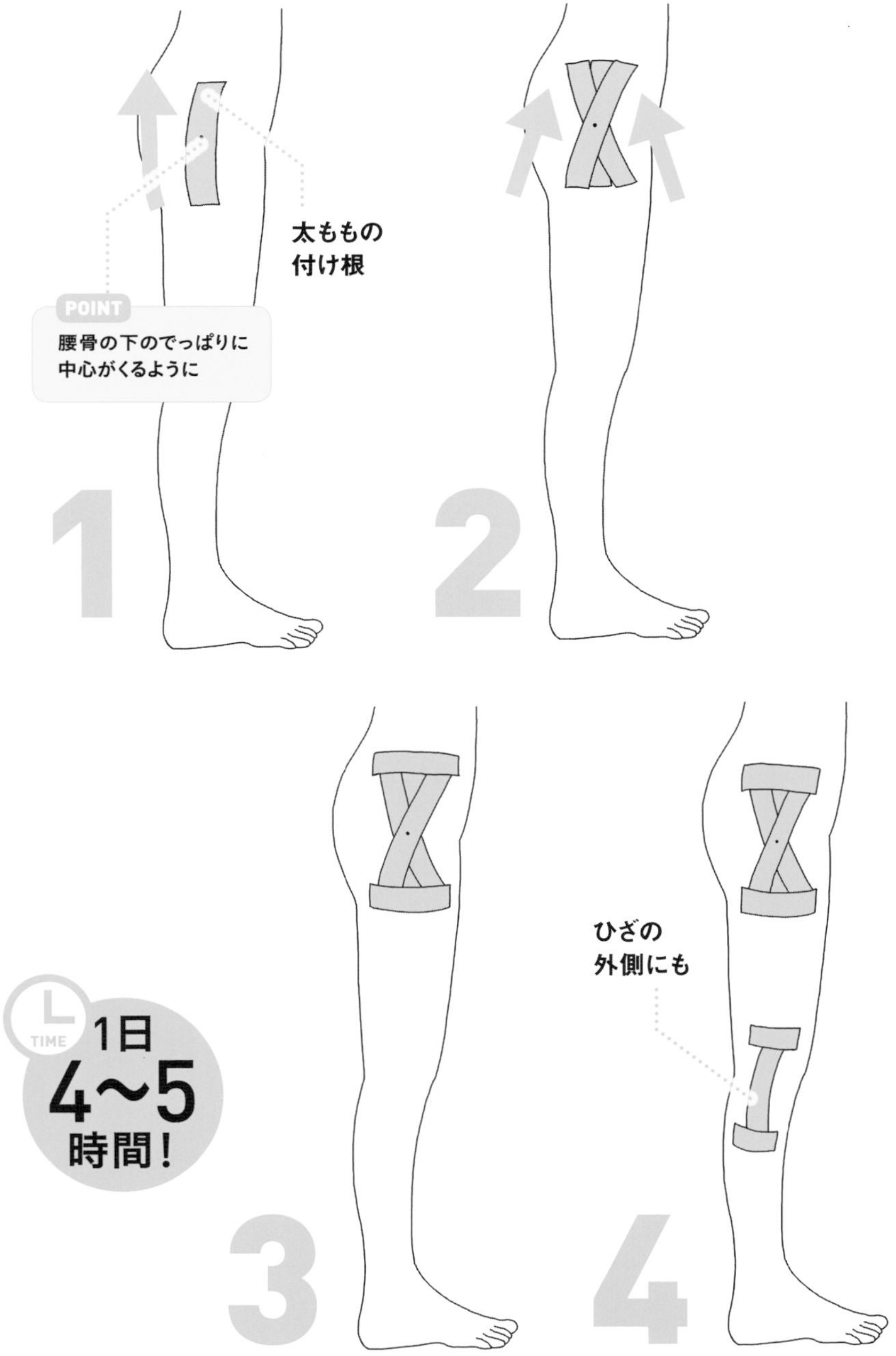
太ももの
付け根
POINT
腰骨の下のでっぱりに
中心がくるように
1
2
3
4
ひざの
外側にも
TIME
1日
4～5
時間！

おしりの筋肉に張りが出てヒップアップ

「おしりの肉が下がっている」も骨盤のゆがみが原因です。おしりの筋肉（大殿筋）がたるんでしまっているのです。

使うテープは5センチ幅。おしりの盛り上がっている部分をきれいにふいてから、大殿筋を持ち上げるようにして、下から上にテープを貼ります。

スタート点は、太ももの付け根外側あたり。おしりの一番盛り上がった部分を通って骨盤の中央までにテープを貼ります。上下の端を横テープで止めます。

1日4～5時間、活動的な時間に貼りましょう。次章で紹介する骨盤体操で抗重力筋の一つである大殿筋を強化すれば、より効果が期待できます。

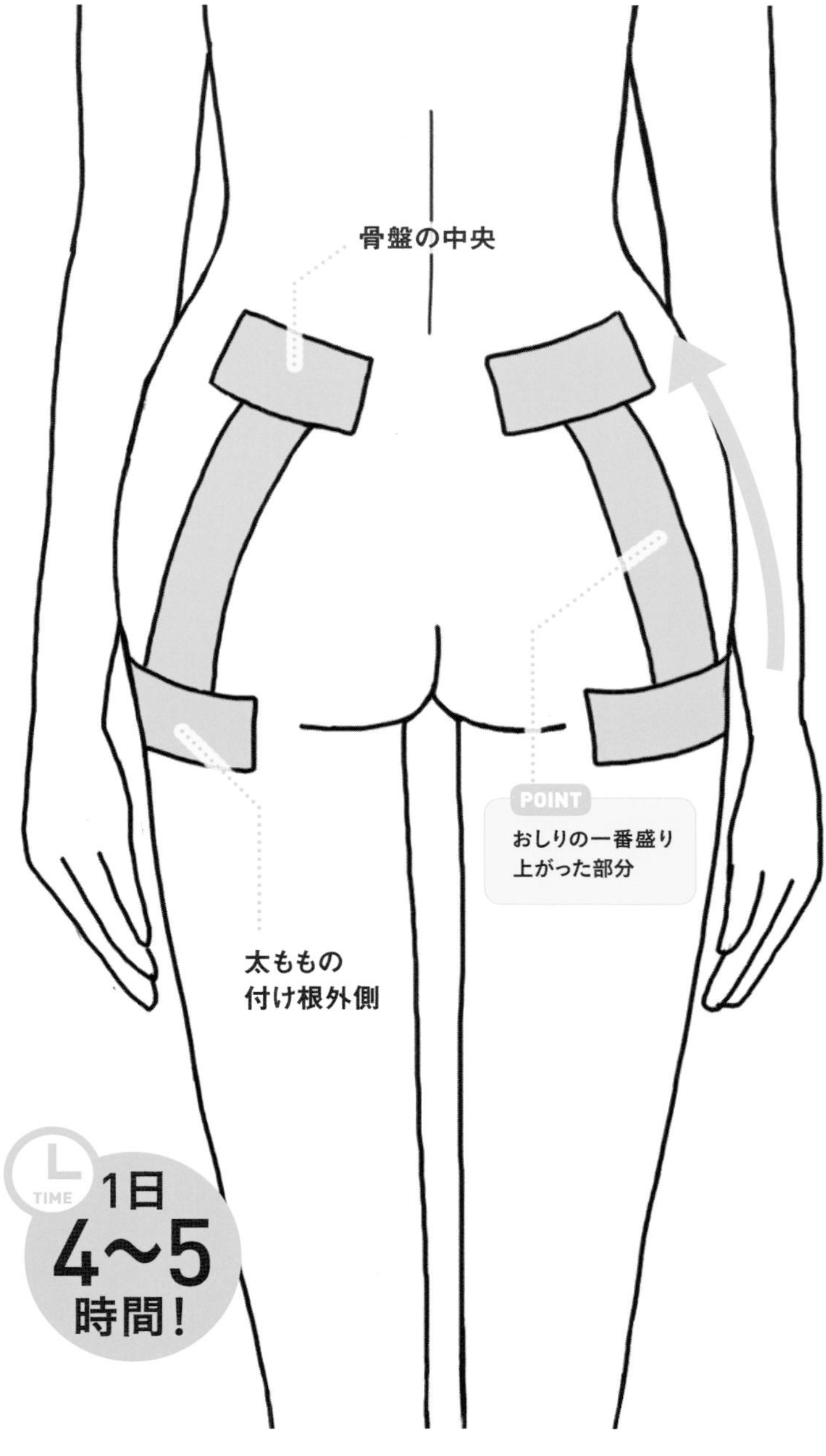
骨盤の中央
POINT
おしりの一番盛り
上がった部分
太ももの
付け根外側
TIME
1日
4〜5
時間！

八の字型のテーピングでおなかのたるみをとる

おなかの肉のつき方にもいろいろありますが、中年以降の女性に多いのは出産などで骨盤がゆがんで下腹部にたるみができ、そこに脂肪がついてしまったタイプです。

「スカートがきつくなってきた」「座ると、おなかの肉がベルトに食い込んでしまう」という自覚症状があったら、ぜひIテープを試してみてください。Iテープで腹直筋というおなかの筋肉を引き締めることで、脂肪が燃焼されます。

使用するのは5センチ幅テープで、**おへそを中心にハの字型にテーピングします。**

スタート点は左右の骨盤のでっぱりのあたり。骨盤からみぞおちの上まで、逆ハの字を描くようにぜい肉を押し上げながらテープを貼ります（左右とも）。下端は骨盤の左右を渡すようにして横テープを貼り、上端はみぞおちに貼って止めます。

かぶれやすい部位なので**1日2時間程度**にして、無理をしないようにしましょう。はがした後はきれいに拭きます。

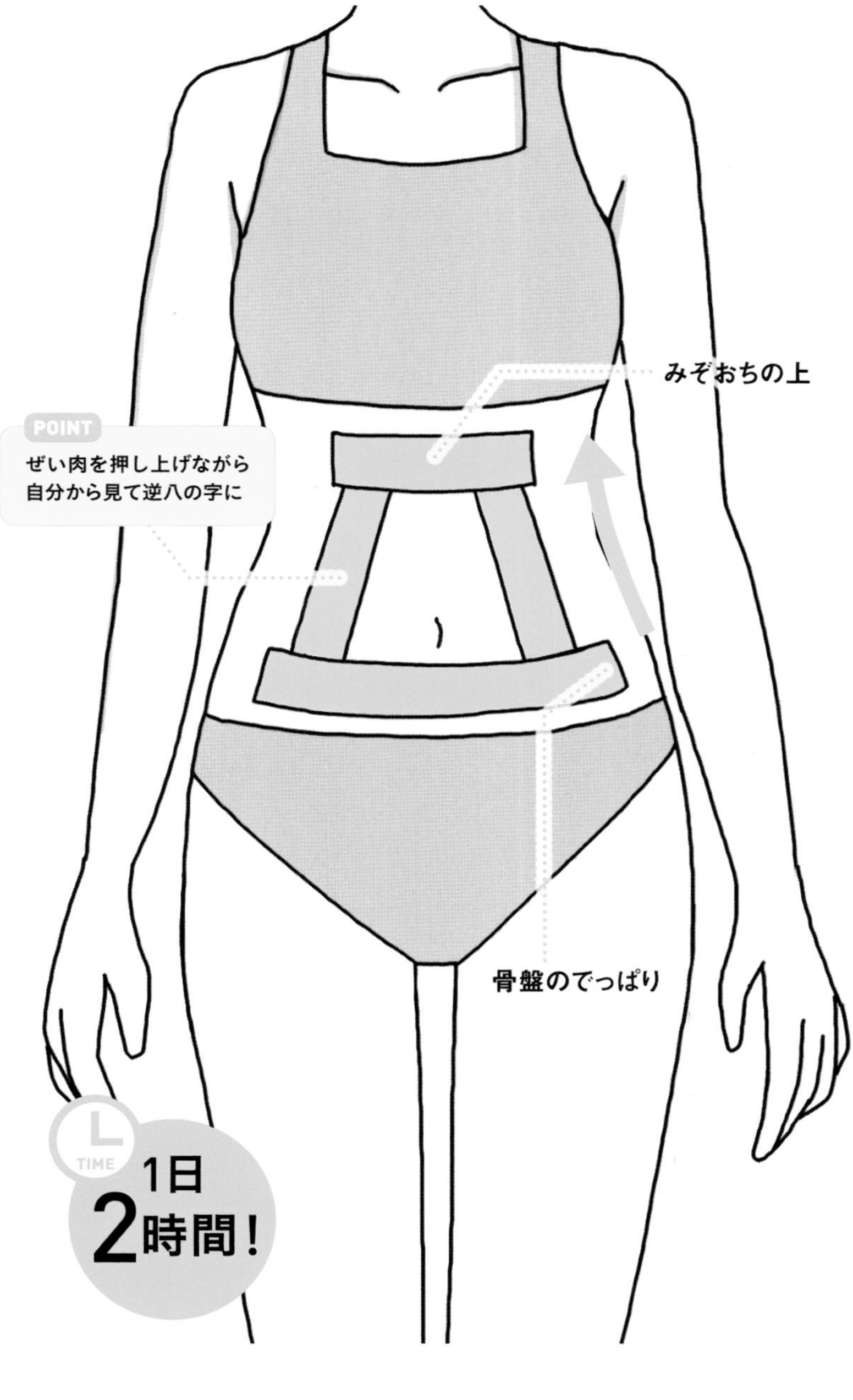
みぞおちの上
POINT
ぜい肉を押し上げながら
自分から見て逆八の字に
骨盤のでっぱり
TIME
1日
2時間！

わきばら

わきの下からはれば ウエストラインが復活

わきばらから背中にかけてのラインに肉がついてきたら、そろそろ肥満の危険信号といってもいいでしょう。

スタート点は、腰骨のあたりにします。わきばらの一番ぜい肉が多いところを通って、わきの下から手一つ分ぐらい下に下げたところまで貼ります。

両端を横テープで止めます。**1日2〜3時間**ぐらい貼りましょう。

腹部のIテープと同時に行ってもかまいませんが、両方ともかぶれやかゆみを起こしやすいところです。貼る時間をきちんと守り、万一かゆみを感じたりしたら、すぐはがしてください。

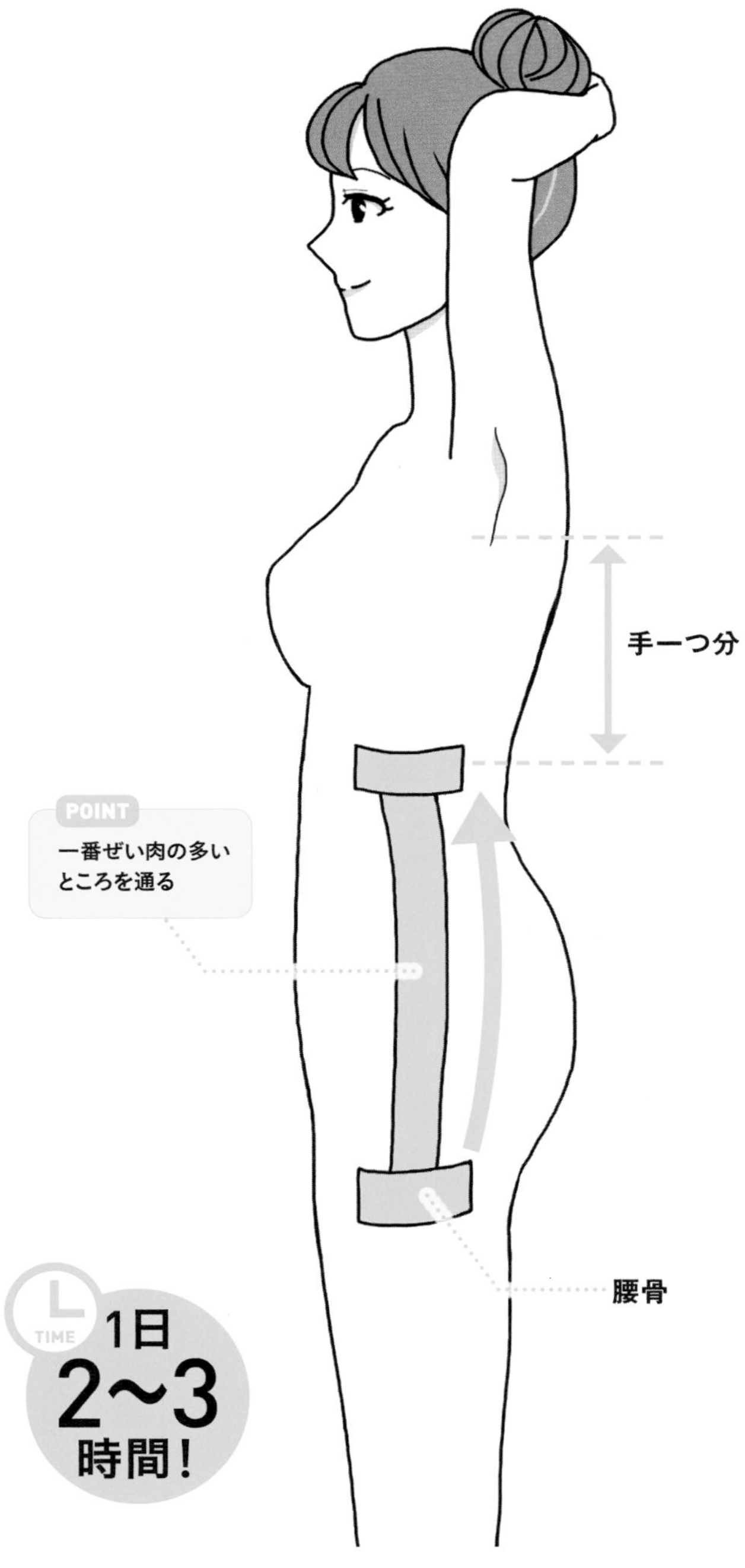
手一つ分
POINT
一番ぜい肉の多いところを通る
腰骨
TIME
1日
2〜3
時間！

腕

二の腕についた脂肪をとる

気づかぬうちにぜい肉がついて太くなってしまうのが、肩や腕の部分です。二の腕についた脂肪はとりにくく、そのたるみ加減で年齢がわかるといわれるほど。
また、肩についた脂肪も姿勢を悪くさせる原因です。
実は、これら上半身についたムダな脂肪も、骨盤のゆがみと関係があります。骨盤の影響で背骨や後頭骨がゆがみ、全身の筋肉バランスが悪くなってしまうためです。

使うテープは5センチ幅。**腕をまっすぐに下ろした状態で、肩関節の位置を確認します**。**肩関節の一番でっぱった骨の上から、ひじに向かって引っ張るようにテープを貼ります。上端は肩関節の上に横テープを貼って止めます。下端はひじの関節の上に横テープを貼って止めます。**

1日4～5時間、家事や仕事でよく腕を使う時間に貼りましょう。

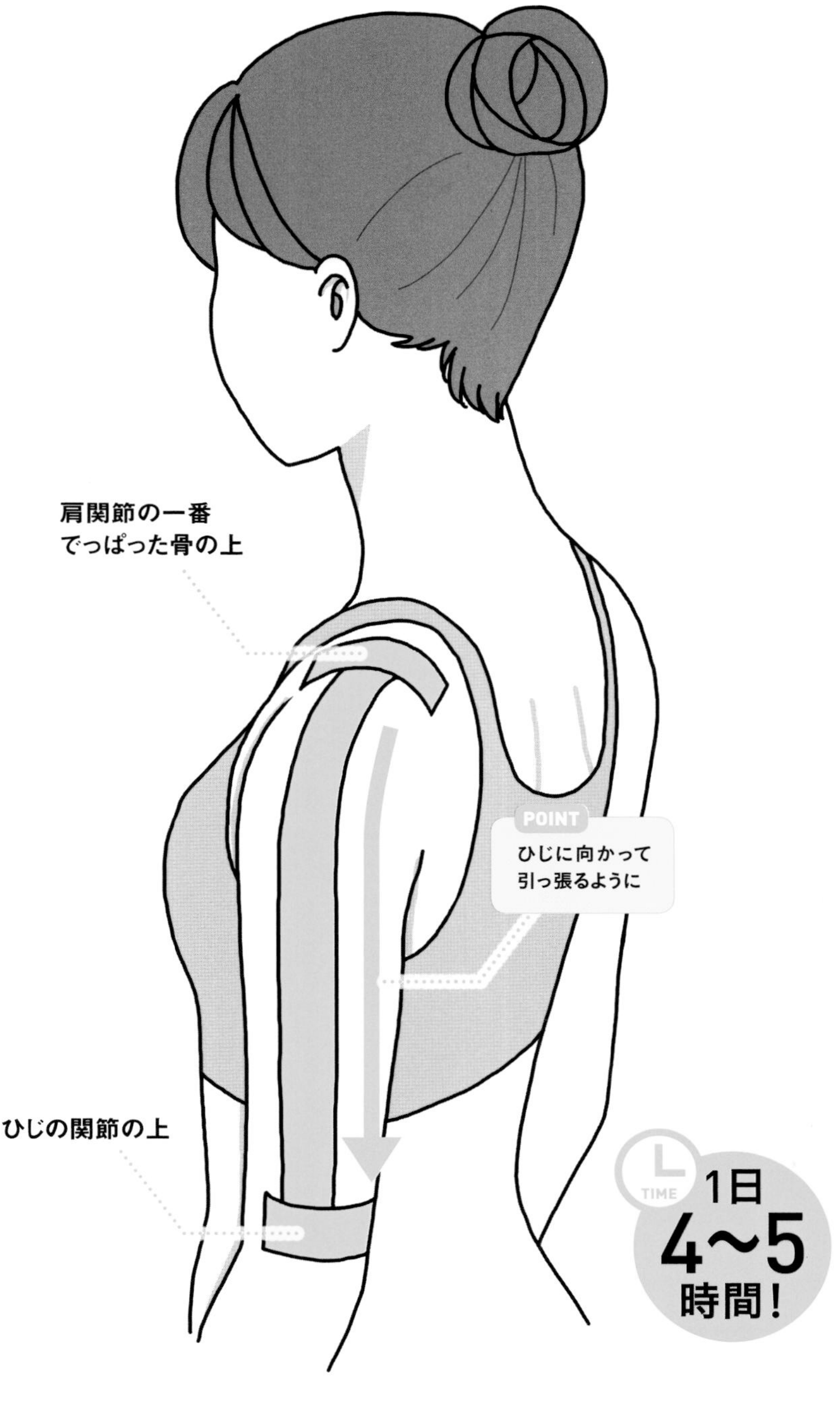
肩関節の一番
でっぱった骨の上
POINT
ひじに向かって
引っ張るように
ひじの関節の上
TIME
1日
4〜5
時間！

ひじ

たるみがとれてきれいな腕に

本人が意外に気がつかないのが、ひじやひざのシワとたるみです。Iテープで関節のズレやゆがみをとって、内側からきれいにしましょう。

使うテープは5センチ幅。**ひじを伸ばした状態で、外側と内側に2本貼ります。**

ひじの外側は、ひじ関節の少し上から、関節を通って手首まで貼ります。

ひじの内側は、ひじ関節の少し上から、関節の内側を通って手首まで貼ります。

上端は、関節のところにテープを巻いて固定します。この時、**血の流れを妨げないように**少し空きを作ってください。

下端は手首で固定します。血の流れを妨げないよう、**手首を1周する前に止めてください。** **1日4〜5時間**貼るようにします。

貼っている間はひじから下を積極的に動かすようにするといいでしょう。とる時は、毛並みに沿って一気にはがすようにします。

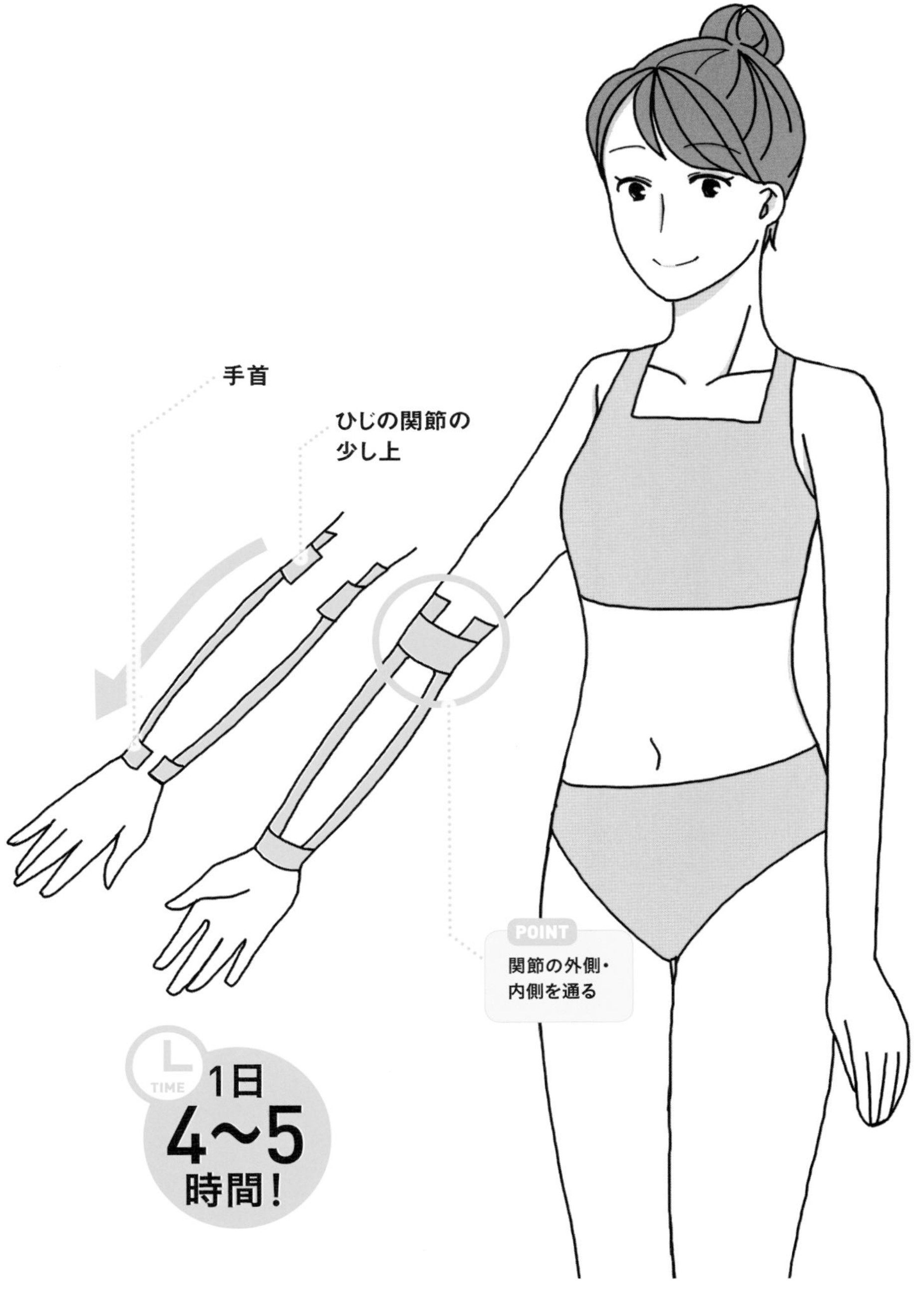
手首
ひじの関節の
少し上
POINT
関節の外側・
内側を通る
TIME
1日
4〜5
時間！

顔やせ

二重あごをテープで解消

顔やせのＩテープは、貼っただけで顔の筋肉を動かすのと同じ効果が得られます。単なる脂肪のつきすぎから、あごの骨のアンバランスによるたるみやあごの関節症まで、Ｉテープの調整で改善することができるのです。

使うテープは、細めの3センチぐらいのものにします。**あらかじめ、テープの先3センチほどに切り込みを入れておきます。**きちんとお化粧を落とし、洗顔した水滴をふきとってから、テーピングです。

スタート点はあごの先。あごの線に沿って耳たぶの付け根をテープではさむように貼り、耳の中程まで伸ばします。耳の付け根と、あごの先端を細めのテープで止めます。毎日3時間、お風呂上がりなどのゆったりした時間にやりましょう。

顔の皮膚は敏感です。にきびや吹き出物がある時はやらないでください。

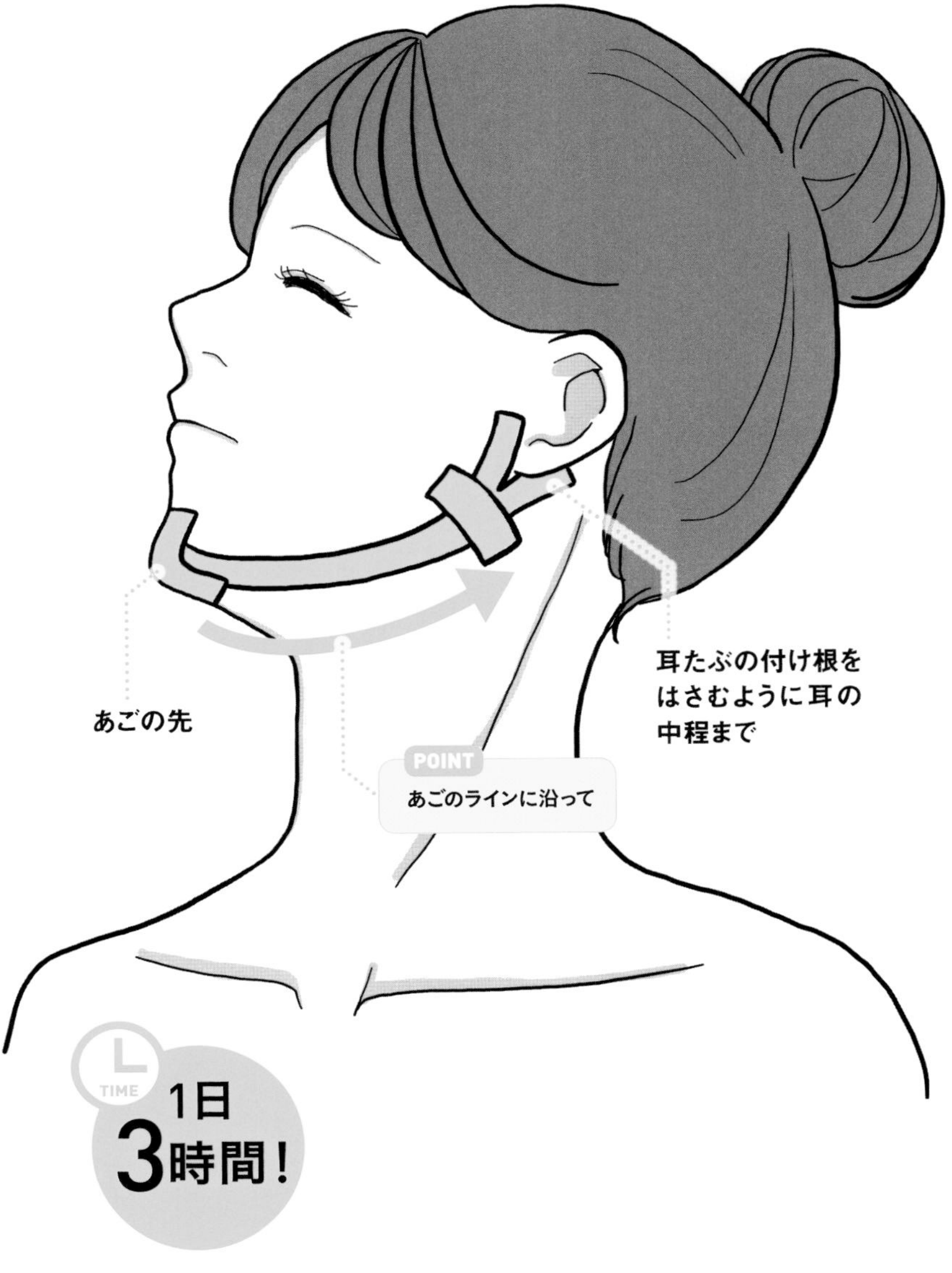
あごの先
POINT
あごのラインに沿って
耳たぶの付け根をはさむように耳の中程まで
TIME
1日
3時間！

首やせ

きれいな首すじをつくる

首は如実にその人のコンディションを表します。Iテープで首の筋肉を引き締めれば、首そのものの脂肪やたるみも、二重あごも改善されます。また、首のコリや斜頸にも効果的です。

使用するのは、細めの2・5センチテープ。**耳たぶの後ろをスタート点にして、左右とも胸鎖乳突筋（耳の後ろから鎖骨に向かって斜めに走っている筋肉）に沿って斜め内側へ降ろします。上端のテープは耳の後ろで止め、首を上下しても苦しくないことを確認してから、テープの下端を鎖骨の上で止めます。**

お化粧をきちんと落としてから**1日3時間**、お風呂上がりなどの時間にやりましょう。顔と同様に、にきびや吹き出物などがあったらやらないようにします。

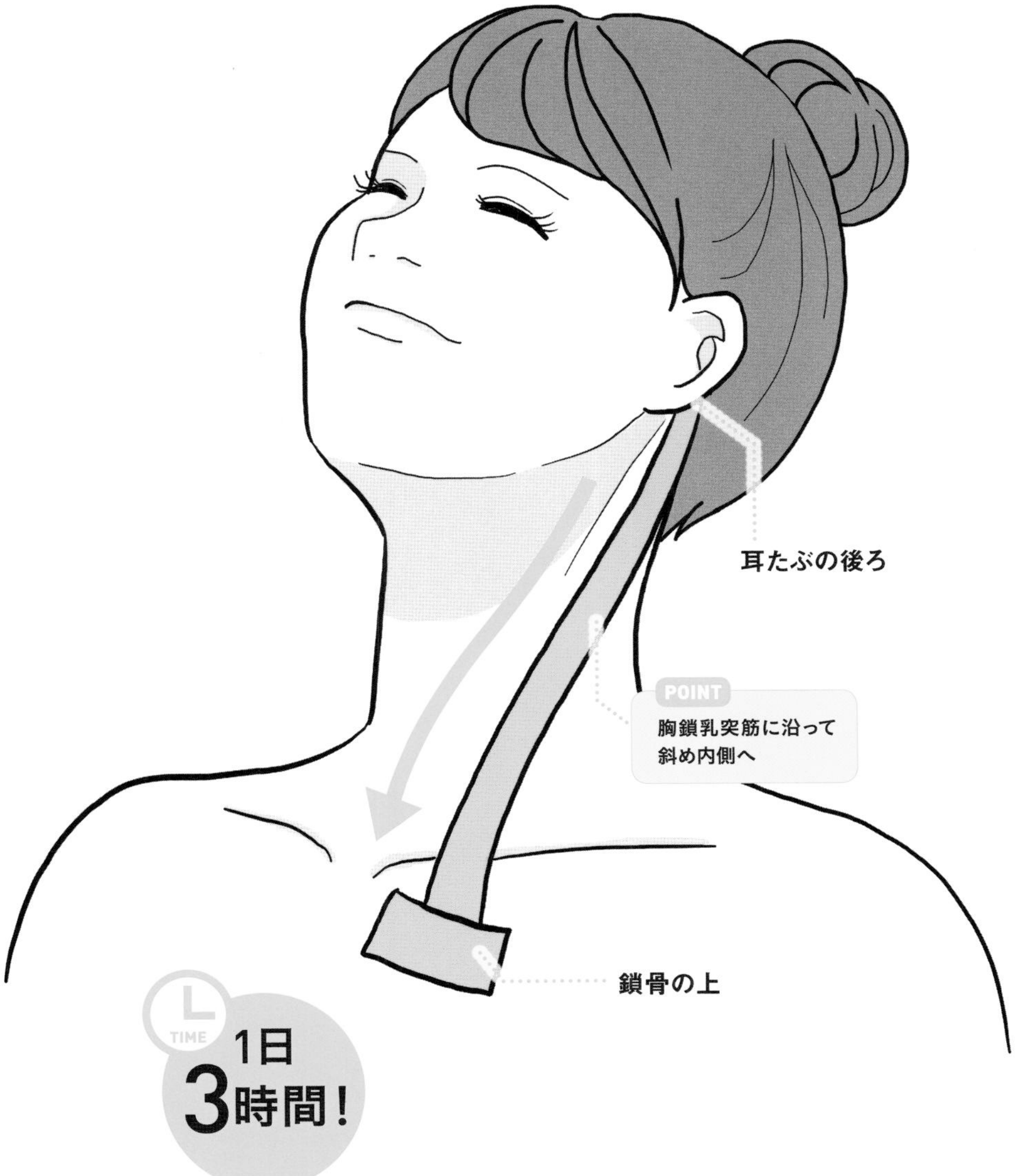
耳たぶの後ろ
POINT
胸鎖乳突筋に沿って
斜め内側へ
鎖骨の上
TIME
1日
3時間！

テープとセットで効果大！
1日6分！骨盤体操

CHAPTER

3

6つのステップで骨盤を調整し、筋肉を鍛える

骨盤体操とは、体のゆがみを調整する体操です。

Iテープと併用して行うことで、調整された骨盤を固定して安定させる役割があります。

骨盤体操を行う目的は2つ。まず、この体操をすることで筋肉を動かし、骨盤を動かす（骨は筋肉の働きがあってはじめて動きます）ことによって、**仙骨を正常な位置に**戻します。

もう一つは、Iテープによって元の**正しい位置に戻った骨盤を、そのあとも引き続き正しい位置にあるように骨盤や背骨の周りにある筋肉を鍛える**目的です。

骨盤が正しく調整されればやせるわけですから、そのために有効なエクササイズを系統的に行うようにした、ダイエット体操です。

ステップ1から6まであり、**各ステップを6回**行います。全体で6分もあれば終わります。また、慣れればもっと短い時間でできます。**お風呂から出たあとにやると効果的**です。

ぜひ続けて習慣にしましょう。

STEP 1

大腿から腰、ウエストの骨と筋肉のバランスをとる

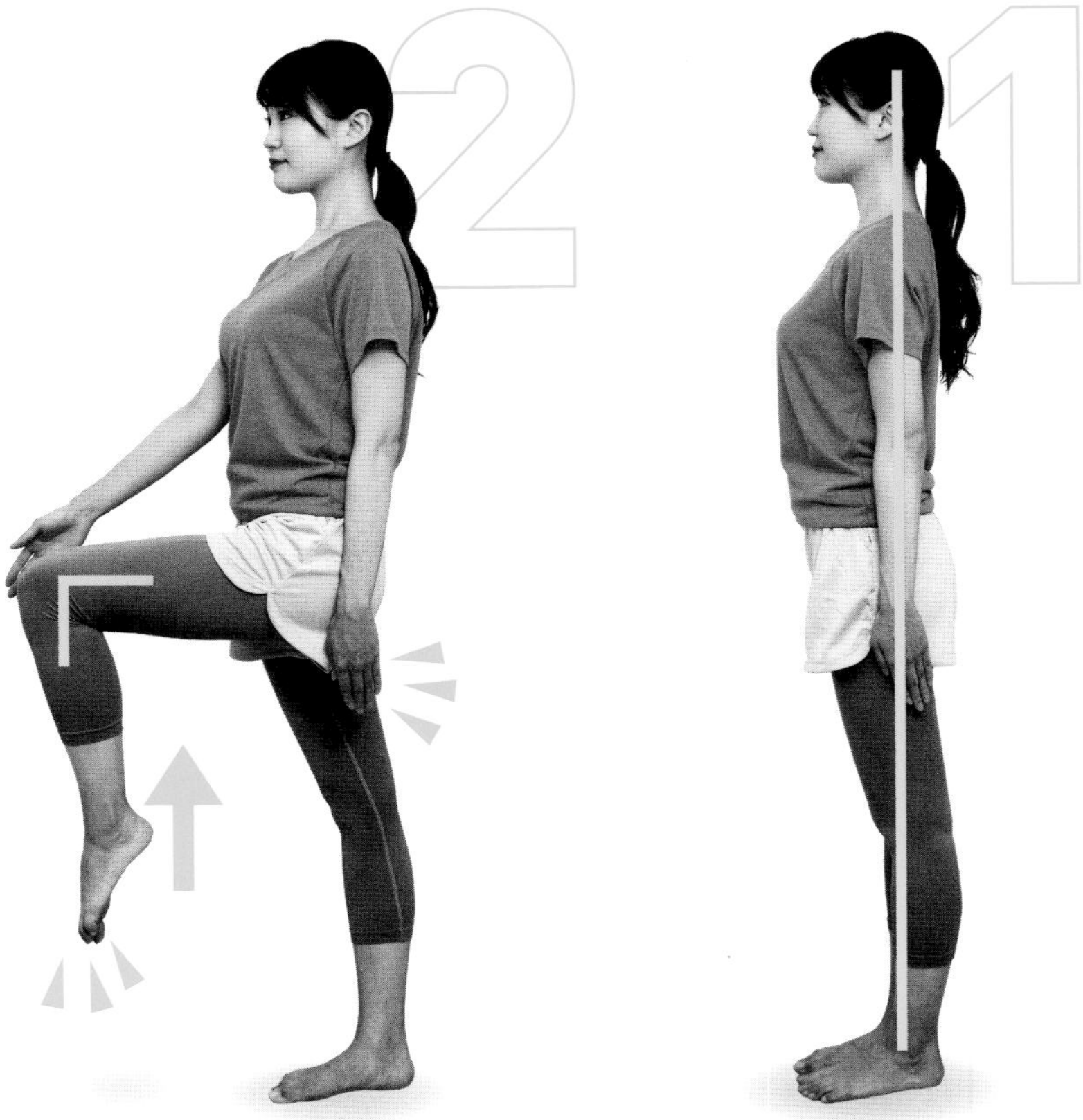

指先、つま先をまっすぐ伸ばす。

❶ 耳から垂直に下した線が肩、股関節、ひざ、くるぶしまで通るように立ちます。

❷ 片方の足を90度に上げ、ゆっくりと床に下ろします。

❸ 下ろすと同時に今度は反対の足を90度になるまで上げて下ろします。

POINT

最初はフラついたり90度まで上がらなかったりしますが、これは骨盤のゆがみが体のバランスを崩しているためで、続ければ解消されます。

3

STEP 2

仙腸関節の緊張をほぐして、ウエストを細くする

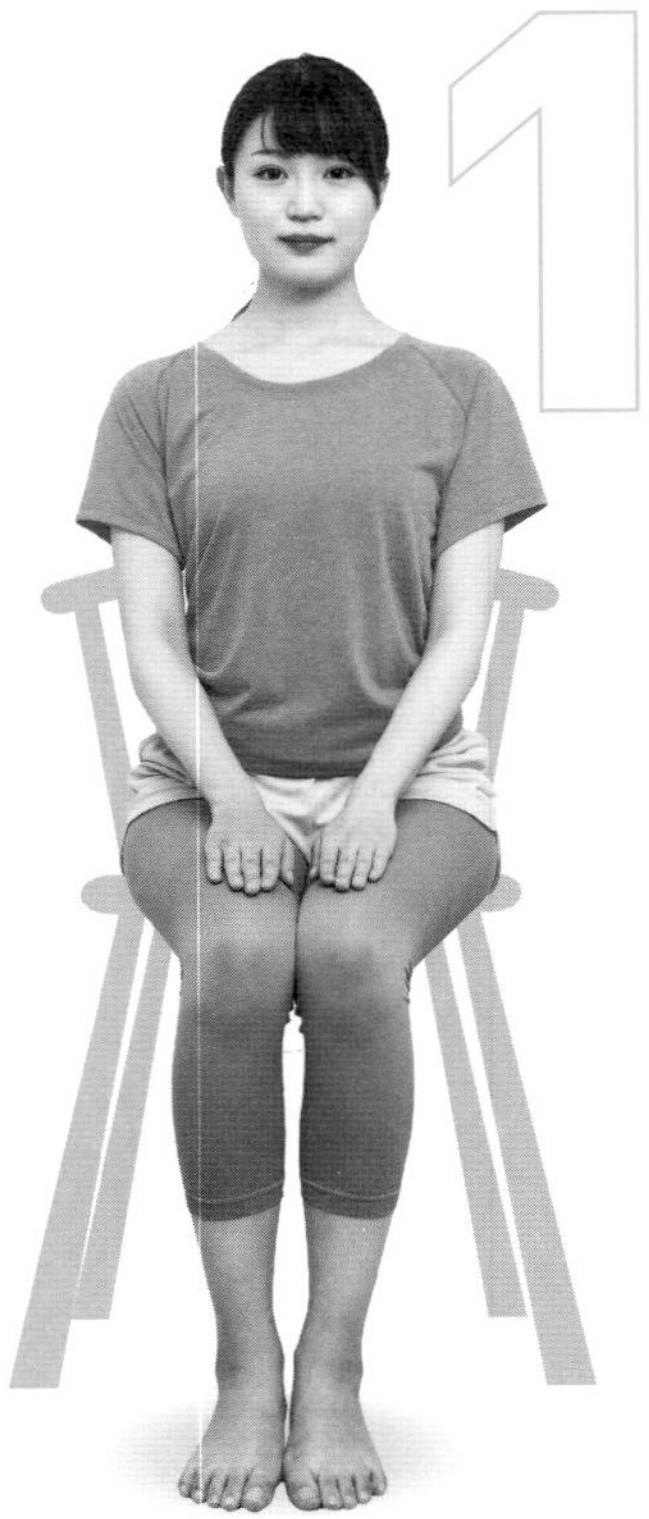

背筋を伸ばして、肩、背中に力が入らないようリラックスする。

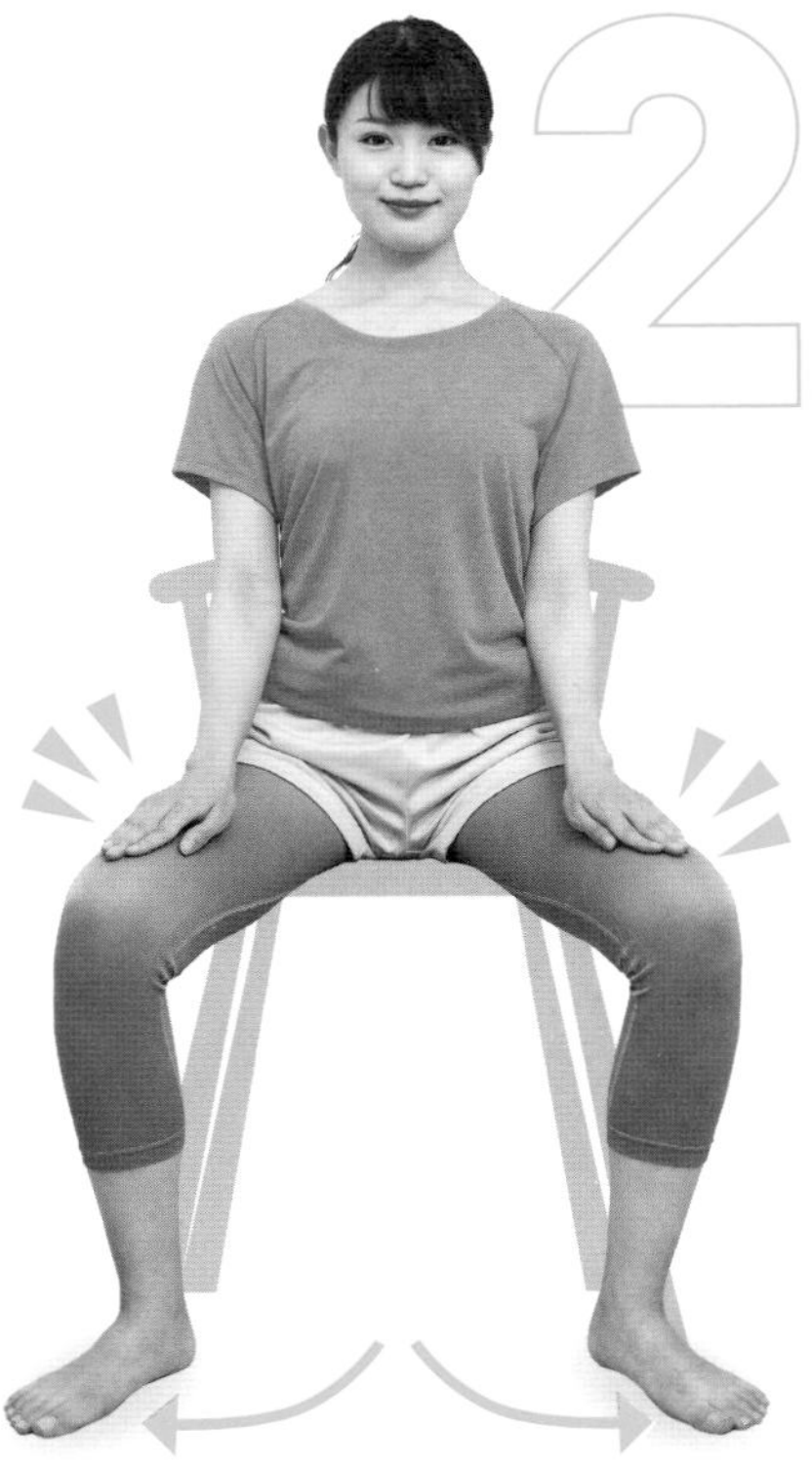

足の裏で床に円を描くように
ずり足でゆっくり開いていく。

❶ ひざが90度になるくらいに曲がる高さのイスに正しい姿勢で座ります。

❷ 両手でひざ頭をつかみ、そのまま両足を押し広げていきます。

❸ これ以上開けないギリギリのところまで開いたら、ゆっくりと元に戻します。

POINT
体に力を入れずにリラックスして行ってください。

STEP 3

股関節のゆるみ、ゆがみを整え、骨盤の負担を軽くする

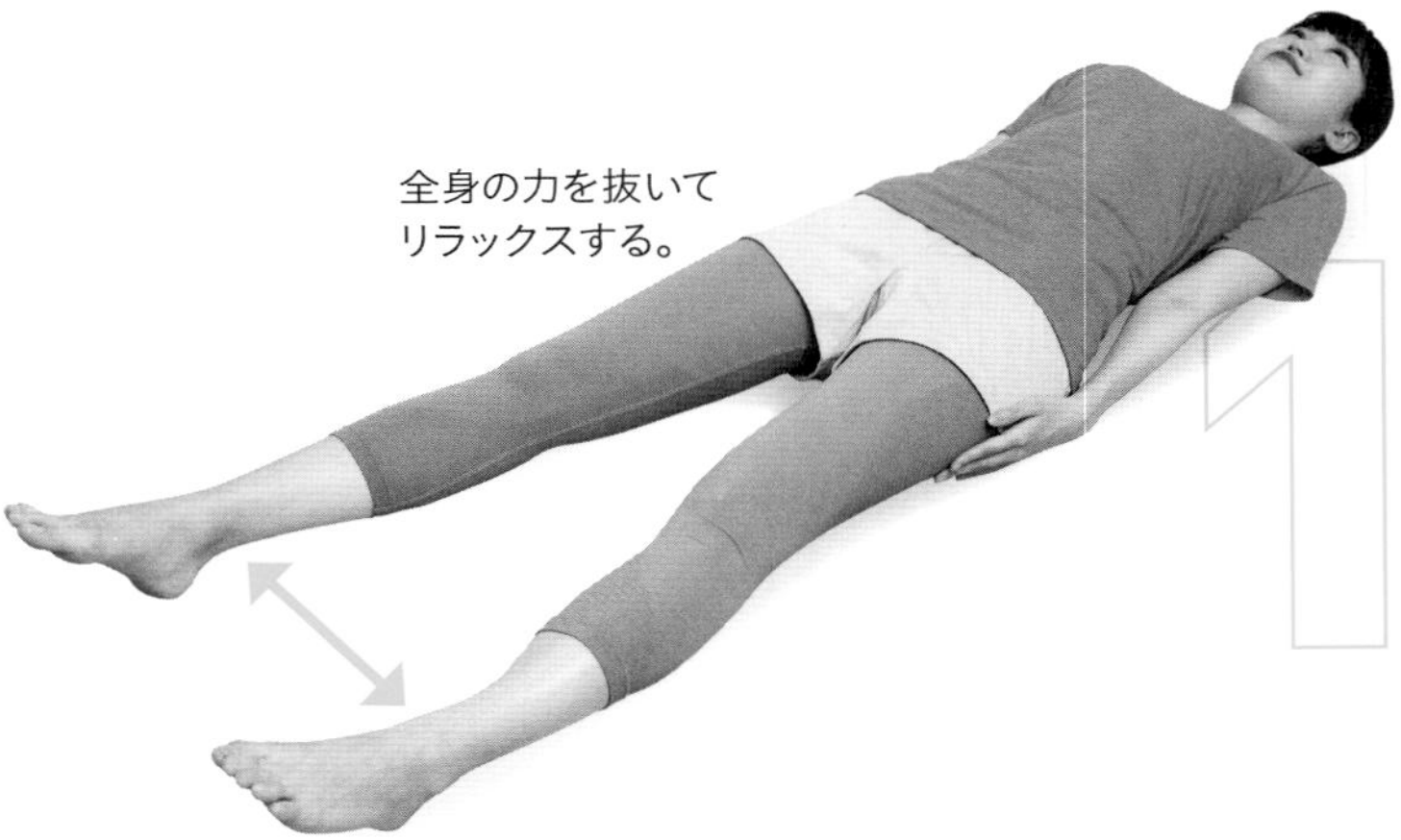

1
全身の力を抜いて
リラックスする。

2
かかとは床につけて、
浮かさないように。

❶ あお向けに寝ます。足を投げ出し、
40センチほど開くようにします。

❷ 両足の先だけを内側にゆっくり倒していき、
最大限に倒したところで止めます。

❸ 止めたらゆっくりと元に戻します。
そのまま今度は外側に同様に倒していきます。

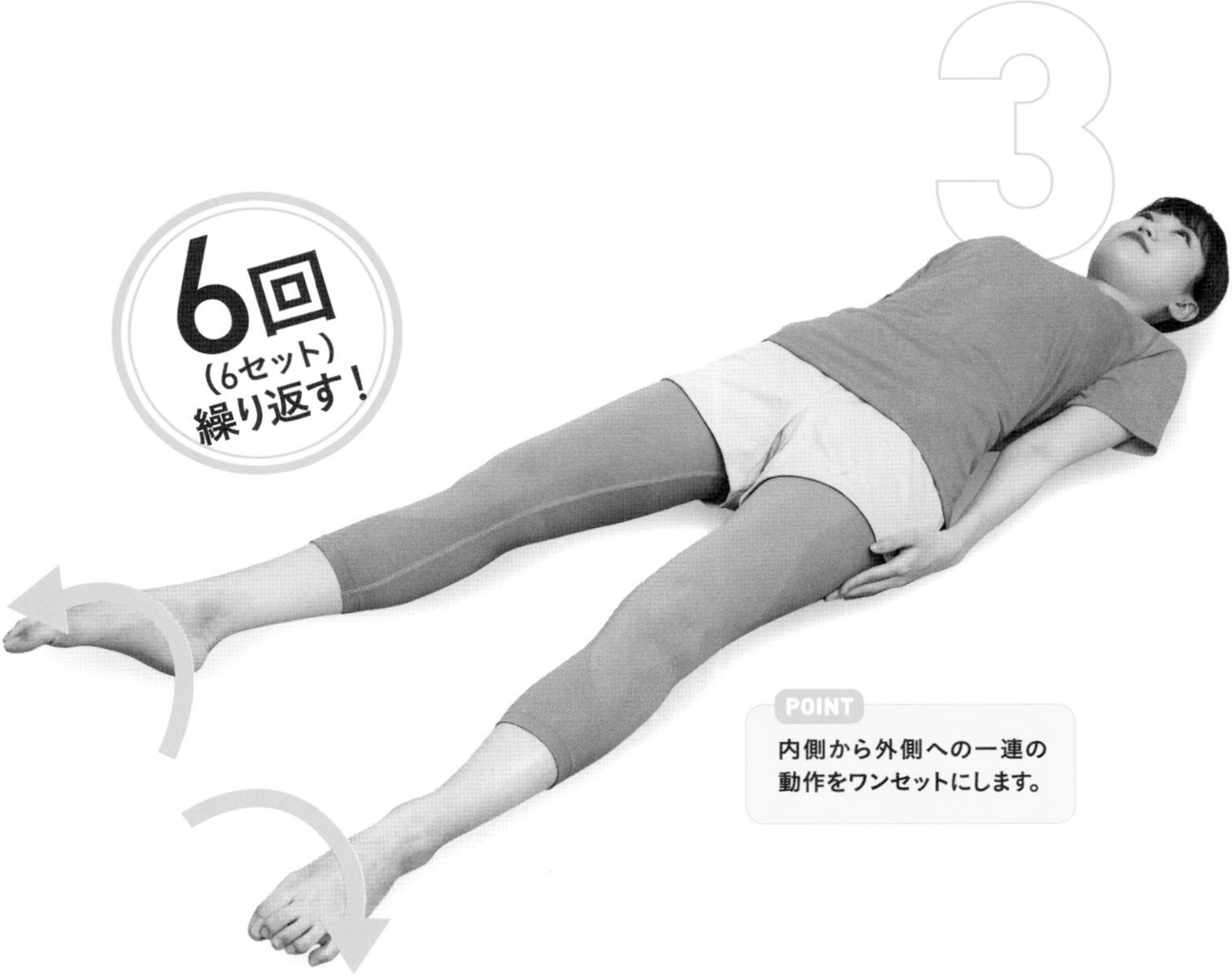

POINT
内側から外側への一連の
動作をワンセットにします。

STEP 4

腹筋を強化し、骨盤のゆがみを防ぐ

1

両方の腕は力を抜き体の横に。
全身の力も抜く。

❶ あお向けに寝て、軽く足を開き両ひざを立てます。

❷ 頭、首、背中の順に少しずつ状態を起こして、
おへそが見えるまで頭を持ち上げます。

❸ おへそが見えたら背中、首、頭の順に
ゆっくりと元に戻します。

6回
（6セット）
繰り返す！
POINT
下腹に力をいれましょう。
2

STEP 5

腰方形筋を引き締め、体の横のラインを整える

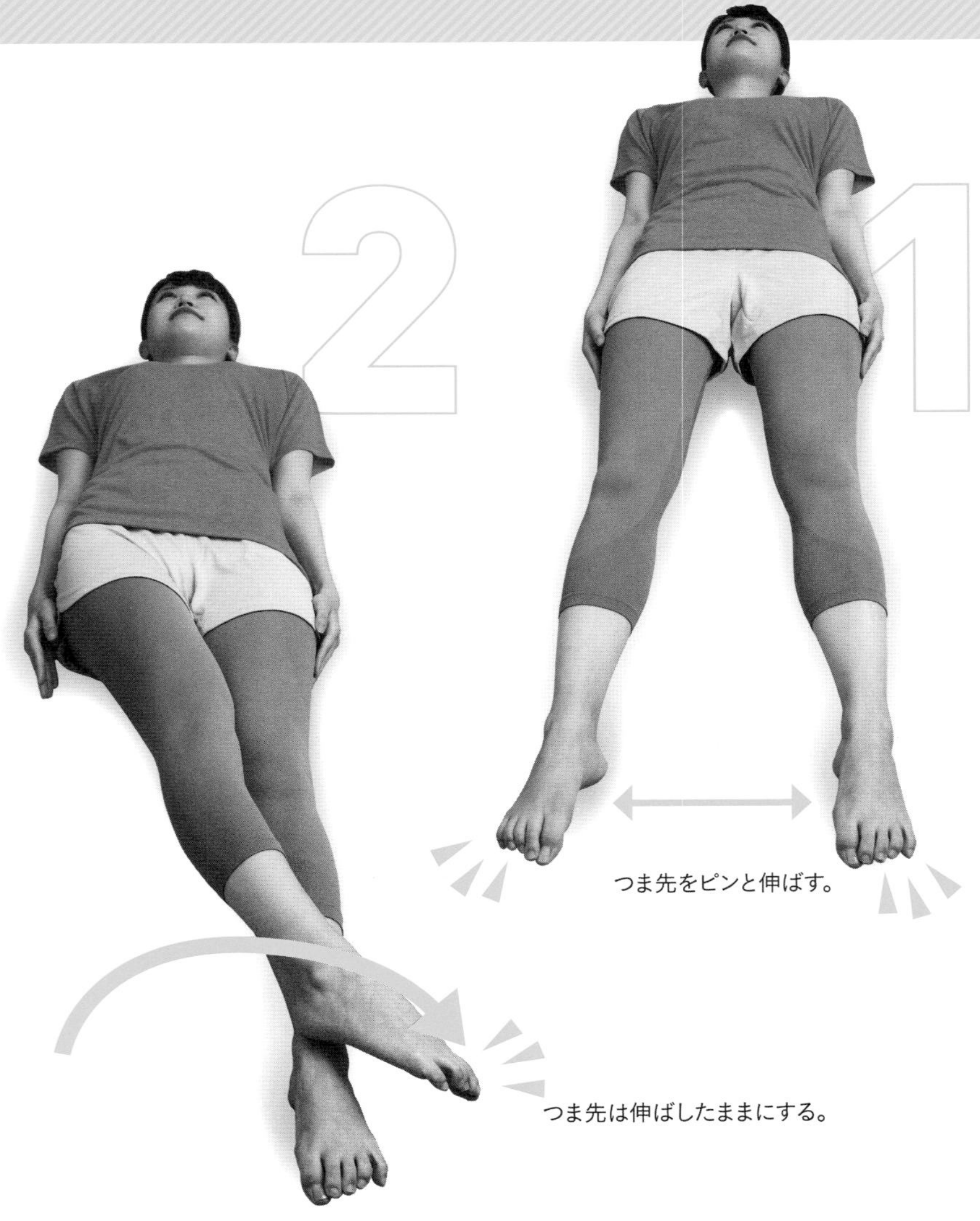
2
1
つま先をピンと伸ばす。
つま先は伸ばしたままにする。

❶ あお向けに寝て、両足を40センチ程度（肩幅）に開きます。

❷ 右足を10センチぐらい上げて、足首を内側に向けて、中央まで移動させます。

❸ 中央まできたら、いったん止めて、ゆっくりと元の位置に足を下ろしていきます。

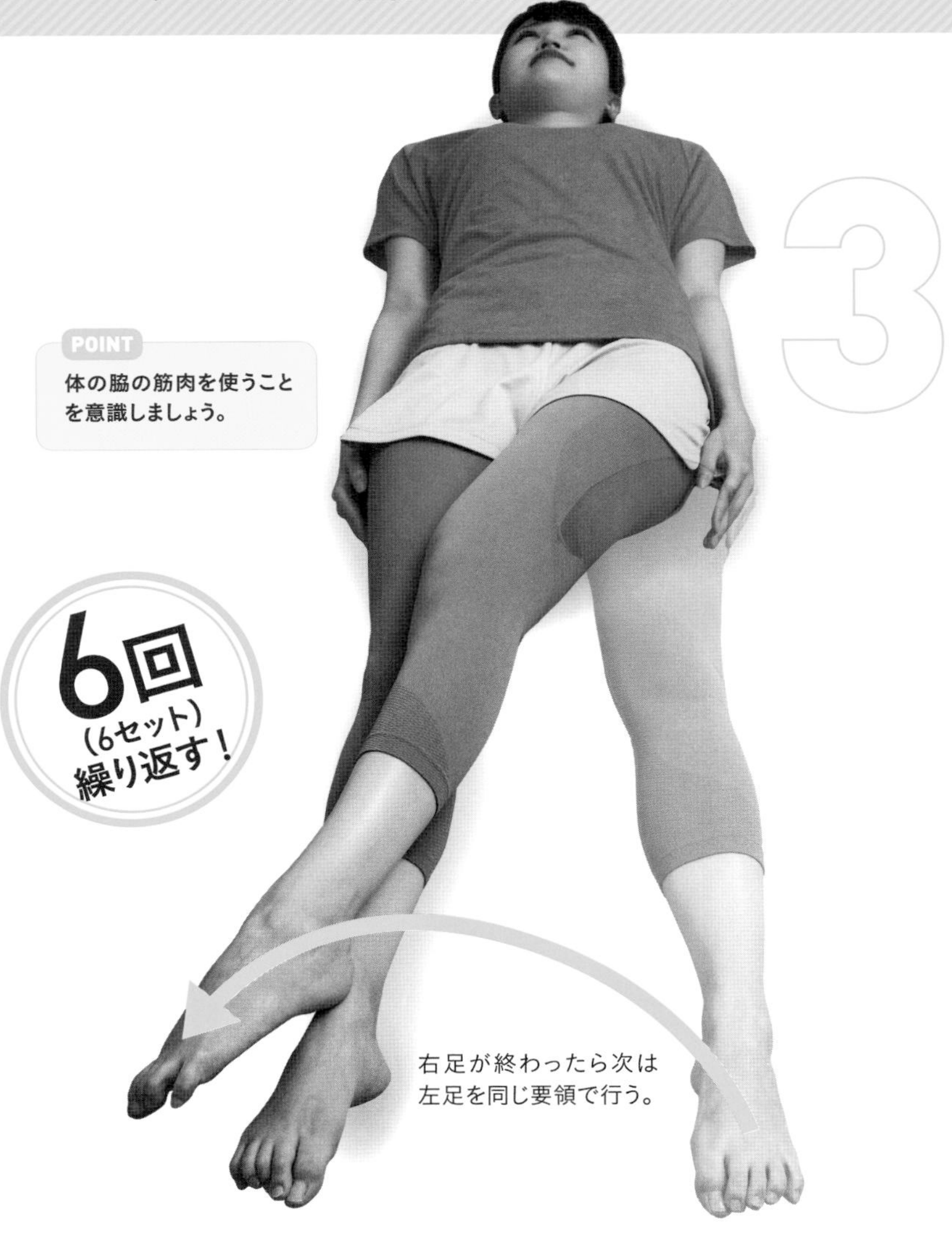

POINT
体の脇の筋肉を使うことを意識しましょう。
6回
（6セット）
繰り返す！
右足が終わったら次は
左足を同じ要領で行う。

STEP 6

腰椎から仙骨にかけてのゆがみを治して、新陳代謝を促す

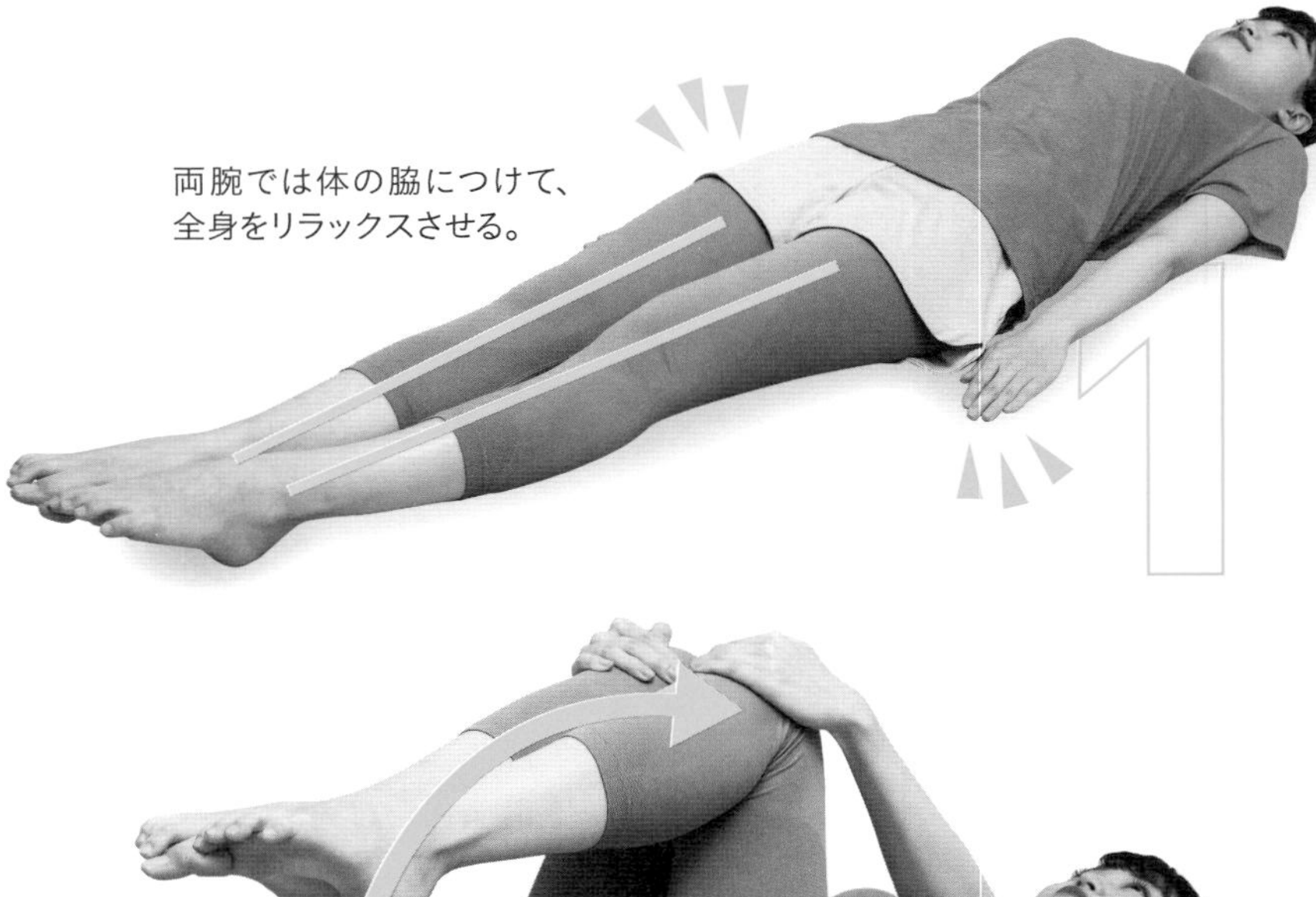

両腕では体の脇につけて、
全身をリラックスさせる。

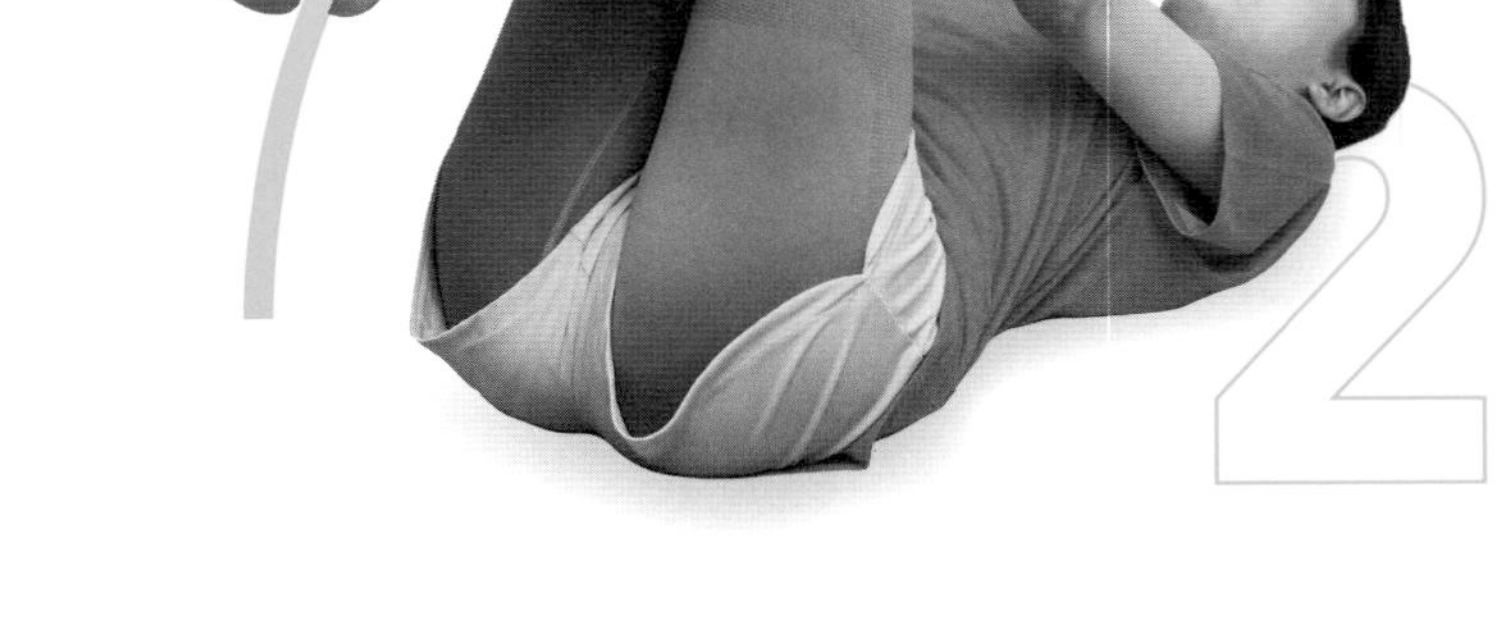

❶ あお向けに寝ます。
両足をまっすぐなるように伸ばします。

❷ 両手でひざをかかえたら一呼吸おいて、
ゆっくりと胸につくくらいまで引き寄せます。

❸ 引き寄せてから、ゆっくりと元に戻します。

3

POINT

頭は上げずに床にずっとつけたまま行ってください。

6回
（6セット）
繰り返す！

テープダイエットQ＆A

CHAPTER

4

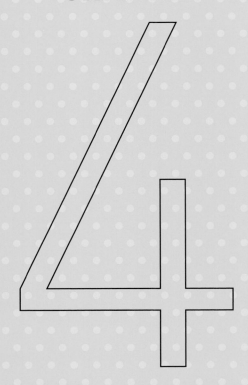

Q テープを貼るときに守るべきことはありますか？

A

テープを貼る前に、**貼る部位を清潔に**しておきましょう。テープが途中ではがれてしまうのを防ぐだけでなく、かぶれを防止するうえでも大切です。

予防注射の前の消毒に使われる薬用アルコールが、薬局で市販されています。これを脱脂綿に浸して、テーピングする部位を軽くふきとります。前に貼ったテープのカスが残っているような場合には、石けんできれいに洗います。そして、十分に乾燥させてから貼るようにしましょう。

もしも毛深いところに貼る場合は、安全カミソリなどで毛を剃っておくほうがいいでしょう。テープの付きがよくなるし、はがす時にもラクにはがせます。

テープをはがした後も、薬用アルコールできれいにふきとるようにしてください。テープの接着剤が肌に残ったりしていると、かぶれやかゆみの原因になります。

また、湿疹やキズなどがある場合、その部分の皮膚に薬を塗っているような場合には、テープを貼らないでください。

Q

おすすめのテープについて教えてください。

A

筋肉や関節を固定する医療用のテープで、**伸縮タイプではなく、非伸縮タイプを使います**。

材質は、アセテートが一番いいでしょう。通気性がよくかぶれにくいので、毎日長時間貼るＩテープダイエットに適しています。少々高価ですが、特に肌の敏感な人はアセテートテープを選んでください。

もし、アセテートテープが手に入らないようなら、薬局にある綿などでできた固定用テープでも問題はありません。

なお、くれぐれも家にある**事務用のテープやビニールテープを代用してはいけません**。必ず肌に貼るのに適したものを使用してください。

自分の肌に合ったものを選びましょう。

Q

固定するということですが、どの程度強く貼ればいいでしょうか？

A

むりやりきつく貼る必要はありません。ただし、シワが寄ったような状態でテープを貼ると、そこから空気が入ってかぶれやかゆみの原因になりますから注意してください。

テープに使う固定テープは、もともと伸びない材質でできていますから、貼る時にはテープをしっかり持ってなぞるようにして、**シワができないようにまっすぐ貼れば十分です。**

Q

テープは決まった時間帯に貼らなくてはいけないのですか？

A

Iテープの必須条件は、「貼って体を動かす」ということです。できれば、同じ時間帯に貼ったほうが習慣づけられていいのですが、夜勤明けで昼間寝ているような人が、昼に貼っても意味がありません。

寝ている間に必ずはがすということを前提にすれば、いつ貼ってもかまいません。生活リズムに合わせて、より活動的な時間を選んでください。

また、夕方から夜寝るまで貼り、翌朝起きてすぐ貼るというリズムになった時は、テープを貼るところをよく洗うなりふくなりして、清潔にすることに気をつけてください。

「すぐまた貼るのだからもったいない」と**貼りっぱなしにするのだけは、絶対やめてください。**通常4～5時間、肌の柔らかい部分は1～2時間ではがすのが原則です。

例外として、足のむくみをとるIテープだけは夜寝ている時に貼ってかまいません。それ以外は顔や首も、できるだけ筋肉と関節を動かす時間に貼ってください。

Q

肌が弱くてかぶれやすい体質です。何かいい方法はありませんか？

A

この場合は、**「時間を短縮すること」と「かぶれにくいテープを選ぶ」ことを工夫してください。**テープはアセテート性のものが最適です。アセテートは、通気性が非常によく、肌にぴったりフィットするという利点を持っています。肌とテープとの間にすき間があると雑菌が入り込みやすく、かぶれやかゆみの原因になります。肌が弱い人ほど、アセテートを使ってください。

貼る前に薬用アルコールなどで肌を清潔にし、シルクテープをはがした後も必ずきれいにふきとって軟膏などを塗っておくようにすれば、かなり肌が弱い人でもかぶれずに行えます。

また、肌が弱い方に特にお勧めしたいのが、**骨盤体操との併用**です。テープを貼る前に行えば、たとえ1日1～2時間でも効果は上がります。

Q 1度に複数の部位に貼ってもいいのですか?

A

かまいません。太もも、ふくらはぎなどに同時に貼る人もいます。しかし、複数の部位に貼る時は、**位置によって貼る時間が異なることに十分気をつけてください**。太ももとおなかに同時に貼った場合には、太ももが4~5時間、おなかが2時間の目安ですから、おなかを先にはがします。

一テープの一番の目的は、体の動きを支えている抗重力筋をバランスアップすることにあります。抗重力筋を整えれば、太ももやふくらはぎなど主要部分の脂肪がとれて骨盤も整ってきますから、これを基本にしてください。

「足全体が太く、どこからやっていいかわからない」という時は、基本的に**太ももから貼る**ようにしてください。その後、**ふくらはぎ、足首と順に降ろしていきましょう**。

Q

正しい位置に貼れなかったら、何か問題はありますか？

A

正しい位置に貼り直せば、問題はありません。Iテープは、そもそも自然の摂理に則って関節や筋肉を引き締める治療法です。間違えても効果がでないだけであり、体にトラブルを起こすようなことはありません。

また、間違えて貼っていたからといって、正しく貼り直した後の効果が薄れるということもありません。

もし、Iテープを貼ってもなかなか患部が引き締まってこないということがあれば、もう一度、**貼る位置、貼る角度、テープの長さ、きちんと関節や筋肉をカバーして貼れているかどうかなどをよく確認してみましょう。**

Q

妊娠中でも、Iテープを貼れますか？生理中の注意はありますか？

A

妊娠中でも貼ってかまいません。妊娠中は、子宮がふくらむにつれて骨盤が影響を受けますし、全身の筋バランスも変化します。このため、腰痛やひざ痛などを感じる人も多くなります。

Iテープは、筋肉のバランスを自然に整えてくれますから、妊娠中に行えばつらい腰痛やひざの痛みも和らげてくれます。

骨盤を調整しておけば、安産への効果も期待できます。

ただし、妊娠中はホルモンバランスが変わるので、肌が敏感になります。かぶれやかゆみには十分注意し、おかしいと思ったらすぐはがしてください。

生理中も、Iテープをふつう通りに貼ってかまいません。太ももにIテープを貼ると骨盤が安定する作用もあります。

生理痛のひどい人にも向いており、効果があるはずです。

Q

マッサージや鍼灸によく通っています。両立できますか？

A

Iテープを貼ったまま鍼灸やマッサージをするのはやめましょう。

鍼灸やマッサージを受けると、血行がよくなります。このときIテープを貼っていると、筋肉への循環もよくなりすぎて、ちょうどお風呂でのぼせた時のように全身が疲れてしまうのです。

Iテープを貼る直前や、はがした直後に、これらの治療を受けるのも、避けた方がいいでしょう。**もし併用したければ、Iテープと鍼灸・マッサージを1日おきにやるような形で工夫するといいでしょう。**

Q テープを貼りながら、ダンベルやジョギングなどをしてもかまいませんか？

A

ダンベルなど**筋肉に強い負荷を与える運動をIテープと併用してはいけません。**

Iテープを貼ると筋肉と関節が固定されます。そこへダンベルやジョギング、筋力トレーニングなどハードな運動を行えば、固定されて動きにくい筋肉によけいな力がかかります。いわば、動かないものを無理に動かしていることになり、筋肉が疲労してしまうのです。

もしスポーツをするのなら、Iテープを貼る前か、はがした後に行ってください。軽いストレッチ程度なら、すぐ貼ってもかまいませんが、あまりきついものは1日ぐらい間をあけてからIテープを貼ったほうがいいでしょう。

Iテープを貼ったときにお勧めしたいのは、歩いたり、そうじや洗濯をしたりするなどの日常の活動です。それによって筋肉に自然な緊張を与えることができます。

テープを貼る前であれば、骨盤体操がおすすめです。

Q

テープと湿布薬をいっしょに貼ってもいいのでしょうか？

A

かぶれやかゆみを感じない限り、いっしょに行ってもかまいません。

冬場に寒いからとIテープを貼った上に使い捨てカイロを貼り、その上に遠赤外線コルセットを巻いていた人もいます。

ただし、いろいろなものを一度にやれば効果が上がるというものでもありません。Iテープをきちんとやれば、関節や筋肉の痛みにも効果があることは実証済みです。あえていろいろ手をださなくても大丈夫です。

Q

足やおしりに脂肪がついていますが、それほど気にならないレベルです。テープを貼った方がいいでしょうか？

A

余計な脂肪がついているという自覚があるなら、行った方がいいでしょう。見た目ももちろん大事ですが、それ以上に健康であることが大切です。

よぶんな脂肪が増えすぎると、体内の循環が悪くなり、代謝が悪くなってむくみなどが起こってきます。血行障害、糖尿病、脂肪肝、心臓への負担もかかってきます。骨盤のゆがみもひどくなり、体の動きが悪くなって、ますます太ってしまう悪循環に陥ります。女性であれば、生理なども狂いやすくなってきて婦人病の引きがねになります。

「太っているのは下半身だけだから」といっても、ある年齢を越えたら下半身だけ太るということはありません。必ず全身の健康に影響を及ぼすのです。

自分で気にならないからといって放置せず、健康のためにもテープを行ってください。

Q

テープダイエット、骨盤体操で効果が出たら、やめてもいいでしょうか？

A

テープはやめてもかまいません。骨盤体操は、骨盤を調整するために行うものです。ある程度続けて骨盤が整ってくると、1～2日やらなかったからといって急に戻ることはありませんが、**続けたほうが健康にいい**のは確かです。

骨盤が正しく整っていれば、内臓の調子もよいし、健康的な肌ツヤを保っていられます。もちろん、太りすぎることもないし、よいスタイルを維持できます。

骨盤体操は6分間ですから、週に何回か日を決めてしまえば、気持ちよく続けられるはずです。

Q

テープをずっと貼っていたら、どこまで細くなれるのでしょうか？

A

貼り方や貼る時間を守って、かぶれなどがない限り、何年続けてもかまいません。しかし、**貼れば貼るほど細くなるというものではありません。**

女性の体にはある程度の皮下脂肪がついています。それは、生理中や妊娠中に一定の体温を維持し、体を守るために絶対必要なものです。

Iテープを貼って体のゆがみがとれると、まず筋肉がぐっと固くなる期間があります。その後それがゆるんで、きれいなプロポーションが作られるのです。

この時に残るのが、女性にとって絶対必要な皮下脂肪です。Iテープは、必要な皮下脂肪までとったりはしません。

よぶんな脂肪がとれてきたら、それ以後は、週に1～2回ほど貼るか、骨盤体操を行って筋バランスを整えるようにすれば十分でしょう。

Q

テープの効果を高める食事法はありますか？

A

どんなものでもよく噛んで食べることをお勧めします。よく噛むと唾液が出て胃液が中和され、消化酵素がよく出ます。すると食べたものが効率よく消化吸収されるので、新陳代謝がよくなります。血行もよくなりますから、どんなにいいものを食べるよりも、美しい体をつくる秘訣なのです。

また、どんなにIテープを貼っても、それを上回る過食をしたのでは台無しです。特に**動物性タンパクのとりすぎには気をつけるべきでしょう**。

お勧めしたいのが、「減肥杜仲茶」です。「ギムネマ・シルベスタ葉」と「キダチアロエ」などをブレンドした、香ばしくて飲みやすいお茶です。

杜仲の葉には、もともと健康維持には欠かせないカリウムやカルシウムなどの天然微量元素が豊富に含まれていますから、肌をきれいにしたい人や過食ぎみの人などにはうってつけのお茶です。Iテープとともにぜひ、試してみてください。

著者紹介

中島旻保（なかしま・ふみやす）

米国連邦政府公認ドクターオブカイロプラクティック (D.C.)。中島カイロプラクティックセンター院長。ゲノムドクター認証医学会資格。富山県生まれ。

米国アイオワ州パーマーカイロプラクティック (医科系) 大学卒業。その間、解剖学・神経学などの基礎医学をはじめ、小児科学・産婦人科学、その他心理学など幅広く習得。さらに卒業後教育にて、臨床診断学・X 線学を専攻、独自の自然医療を確立・実施する。その医療技術と人柄から、元内閣総理大臣・中曽根康弘氏のホームドクターを務めるなど、政財界、芸能界、スポーツ界をはじめ医師などからも絶大な信頼を得ている。診療の傍ら講演、雑誌や医学誌への執筆など幅広く活躍中。日本統合医療学会員。臨床ゲノム医療研究会会員。

著書に『血液型（O・A・B・AB）ダイエット』（河出書房新社）、『医学の父ヒポクラテスが教える癒す力 50』（かんき出版）、『O 型は深夜に焼き肉を食べても太らない?』（講談社）他多数。

●中島カイロプラクティックセンター
https://drnakashima.com/

貼《は》るだけでやせていく！

テープダイエット

〈検印省略〉

2020年　8　月 13　日　第　1　刷発行

著　者――中島　旻保（なかしま・ふみやす）
発行者――佐藤　和夫

発行所――株式会社あさ出版
〒171-0022　東京都豊島区南池袋 2-9-9 第一池袋ホワイトビル 6F
電　話　03 (3983) 3225 (販売)
　　　　03 (3983) 3227 (編集)
F A X　03 (3983) 3226
U R L　http://www.asa21.com/
E-mail　info@asa21.com
振　替　00160-1-720619

印刷・製本 (株) 光邦

facebook　http://www.facebook.com/asapublishing
twitter　http://twitter.com/asapublishing

ISBN978-4-86667-219-9 C2077

あさ出版好評既刊

絶対リバウンドしない！
朝・昼・夜のやせルール

ダイエットコーチ　EICO 著
カツヤマケイコ 画
四六判　定価1,200円＋税